AF606200

COMPETENCIAS PROFESIONALES DE LAS SECRETARIAS Y ASISTENTES: CLAVES PARA EL ÉXITO EMPRESARIAL

M.ª CLAUDIA LONDOÑO

Competencias profesionales de las secretarias y asistentes: claves para el éxito empresarial

Autora: M.ª Claudia Londoño

Diseño de cubierta: Martín Ángel Rodríguez Molina

Maquetador: Carlos Benita Rodríguez

Editora y correctora: Ligia Boga

Edita:
© FUNDACIÓN CONFEMETAL
Príncipe de Vergara, 74 – 28006 Madrid
Tel.: 917.823.630
editorial@fundacionconfemetal.es
www.fundacionconfemetal.com

ISBN: 978-84-10315-43-3
Depósito legal: M-2929-2026

ÍNDICE

Dedico este libro a mis colegas, quienes, como siempre, son fuente de inspiración y aprendizaje. En particular, a Carmen Moreno, Noelia Felip y Cristina Mohino, que me han acompañado en la tarea de escribir y me han hecho ver aspectos muy relevantes de la profesión. También a L. Javier Conde, que me introdujo en la organización y gestión de los viajes.
¡Gracias siempre!

Sobre la autora

M.ª Claudia Londoño es una reconocida autora, formadora y experta en secretariado y gestión organizacional, con una destacada trayectoria profesional de más de treinta años como asistente de alta dirección en el Grupo Telefónica. Ha sido presidenta de la Asociación del Secretariado Profesional de Madrid (ASPM) y constituye una referencia en la formación y profesionalización del secretariado en España.

Ha trabajado como formadora y ponente en instituciones como la Fundación Confemetal, IIR, IKN y otras, donde ha impartido cursos y conferencias orientados al perfeccionamiento de competencias emocionales y técnicas del secretariado, así como en organización y atención al cliente.

Asimismo, es autora de once libros, todos publicados por FC Editorial, sobre temas tan diversos como la atención al cliente o la marca personal, entre los que cabe destacar *Asistentes o secretarias: ¿una profesión de riesgo?*

Ha participado en proyectos educativos oficiales, como el diseño del perfil profesional del secretariado y la definición del ciclo de formación de Técnico Superior en Secretariado, y fue nombrada experta tecnológica por el Ministerio de Educación y Ciencia de España.

Defensora de la profesionalización y la visibilidad del secretariado, ha puesto un especial énfasis en la formación continua, la igualdad de género y la promoción de una profesión, tradicionalmente femenina, pero en proceso de apertura a la diversidad.

Además, M.ª Claudia Londoño mantiene una activa presencia en redes sociales y medios digitales, donde comparte recursos y reflexiones sobre organización, marca personal, inteligencia emocional y gestión de la información. Su perfil profesional y su obra la sitúan como una de las voces más influyentes en el ámbito del secretariado y la formación administrativa en España.

Prólogo

Si me hubieran dicho hace diez años que estaría escribiendo un prólogo para M.ª Claudia Londoño, habría pensado que se estaban confundiendo de persona. Pero hace cinco años nos cruzamos a través de ASPM (Asociación del Secretariado Profesional de Madrid) y hubo *match* laboral desde el minuto cero. Desde que la conozco, es un honor tenerla cerca y aprender de ella. Para mí, este libro ha sido toda una experiencia. Gracias por tu generosidad.

Todo empezó con una de nuestras conversaciones, de esas que nacen con una idea sencilla: «Carmen, estoy pensando en volver a escribir un libro sobre nuestro perfil». A partir de ahí se abrió un abanico de situaciones y vivencias para compartir.

Desde el primer intercambio de ideas supe que no se trataba solo de poner en palabras una experiencia profesional, sino de dar voz a una función que, aunque es esencial, todavía hoy permanece invisible.

En estas páginas encontrarás no solo una guía práctica para perfiles *junior* o *senior*, sino también una presentación de las nuevas figuras que empiezan a emerger en torno a este puesto.

Asimismo, hallarás una reflexión compartida y una invitación directa a repensar el rol del secretariado y la asistencia a la dirección en los entornos laborales. Porque ser asistente o secretaria no es un paso previo a otra cosa: es una profesión con cuerpo, alma, liderazgo e impacto.

Este libro está pensado para ti, que ejerces esta función con compromiso, intuición y una inteligencia práctica que rara vez se enseña, pero que se aprende en la trinchera de lo cotidiano como si fuera un superpoder. También está pensado para quienes aún no comprenden del todo el valor de este perfil, para que se acerquen con curiosidad, respeto y ganas de entender este puesto.

A lo largo de estas páginas te invito a reconocerte, a detenerte un momento y pensar: «¿Cómo quiero que se valore mi trabajo? ¿Qué huella dejo en cada equipo, en cada correo, en cada gesto de anticipación? ¿Qué puedo hacer, desde mi lugar, para que esta profesión gane la visibilidad que merece?».

Por esas reflexiones, este libro también se convierte también en una mirada hacia adelante. Porque el futuro ya está aquí.

La inteligencia artificial ha llegado para quedarse: automatiza tareas, organiza agendas, sugiere respuestas... Pero no olvidemos que hay algo que ninguna IA puede replicar: tu intuición, tu capacidad de leer entre líneas y de cuidar los detalles que marcan la diferencia. Nuestro puesto no teme al futuro: lo abraza. Sabemos que no desaparecerá, sino que evolucionará, y lo hará más fuerte, más estratégico y más visible.

En muchos entornos laborales internacionales, el puesto de asistente de dirección ya se reconoce como una figura clave en la estructura organizativa. Se valora su capacidad de liderazgo silencioso, su visión transversal y su papel como puente entre equipos. Y, sin embargo, en el mercado laboral español todavía seguimos luchando para que se nos escuche, se nos nombre y se nos reconozca. Este libro también pretende ser un paso hacia ese cambio.

Así que abre este libro con los ojos bien abiertos. Léelo con orgullo, con espíritu crítico, con ganas de aprender y de compartir. Porque este libro no es solo útil, sino que es necesario para poner a esta profesión en el lugar que, desde hace mucho tiempo, se merece.

Carmen Moreno Sánchez

CAPÍTULO 1.
INTRODUCCIÓN

Este manual no pretende sentar las bases para ejercer como asistente o secretaria, sino analizar los aspectos fundamentales que facilitan el desempeño profesional, considerando:

- Lo que las empresas esperan de una asistente.
- Lo que no esperan y lo que consideran valor añadido a una profesional.
- Lo que expresamente no desean recibir de una asistente.
- Las diferencias, en caso de existir, entre secretarias y asistentes.
- Las competencias en las que secretarias y asistentes destacan frente a otros profesionales afines.
- La necesidad de ampliar funciones para alcanzar un nivel más ejecutivo.

A lo largo de este análisis han surgido cuestiones relevantes, como si realmente se trata de una profesión que requiere competencias y habilidades específicas. En ocasiones, así lo parece; sin embargo, pese a las exigencias y a la gran dedicación que demanda, afrontamos los retos diarios con entusiasmo, conscientes de lo que cada situación implica.

Durante el recorrido conoceremos a diversos personajes que protagonizarán los casos prácticos. Es posible que alguno provoque una sonrisa o que nos sintamos especialmente identificados con alguno de ellos.

1

Enrique, «el estudioso», ya apareció en publicaciones anteriores. Ha progresado en su carrera profesional y ahora ocupa un cargo directivo. Es el hijo ejemplar que todo padre o madre desearía tener: respetuoso, aplicado (tal como indica su apodo) y siempre dispuesto a hacer lo correcto. El estudio nunca supuso un obstáculo para él, lo que le permitió superar una oposición y convertirse en alto funcionario, aunque no del Estado.

2

Alberto, «el antiguo», pertenece a una vieja escuela que, lamentablemente, parece estar en vías de extinción. No confía en los demás; para él, la confianza es casi esotérica, algo ajeno a este mundo. En su entorno laboral, las tareas se asignan a dos equipos distintos, lo que genera una competencia feroz y rivalidad personal y profesional, llevando al extremo el aforismo «divide y vencerás».

3

Pedro, «el inseguro», es director general de una pequeña empresa (pyme) que empieza a despuntar en su sector. Su principal dificultad radica en la falta de confianza en sí mismo, siendo víctima del conocido «síndrome del impostor».

4

José Manuel, «el emprendedor», tuvo una brillante carrera como ingeniero en una multinacional, pero un buen día decidió dar un giro de 180 grados a su vida. Como primer paso, llegó a un acuerdo con la empresa en la que había trabajado durante años y emprendió una aventura empresarial vinculada al patinaje sobre ruedas, disciplina que le apasiona. Actualmente dirige una tienda situada en un enclave estratégico para los patinadores (cerca de un parque muy frecuentado por ellos). Con tres empleados, su negocio no solo se centra en la venta de patines y accesorios, sino también en la organización de clases y campeonatos. Su página web se ha convertido en un referente nacional, y el crecimiento de su actividad le llevó a contratar una asistente.

Habiendo presentado a quienes podríamos denominar los jefes, pasemos, querido lector, a conocer a las nuevas incorporaciones: las asistentes.

1

Casilda, «la optimista», es una profesional altamente cualificada. Perfeccionó su inglés en Londres y actualmente dirige la secretaría de una importante empresa. Casada y madre de tres hijos, realiza auténticas proezas para conciliar su vida profesional y familiar. Posee un gran sentido del humor y siempre trata de ver el lado positivo.

2

Teresa, «la funcionaria», trabaja como asistente en una dirección general de la Administración Pública. Inició su carrera en el ámbito privado y, tras un tiempo, decidió preparar oposiciones al Estado. Aunque inicialmente no lo tenía previsto, combinó estudio y trabajo, superando primero las oposiciones del Ayuntamiento y, posteriormente, las del Estado, lo que le abrió múltiples opciones de destino. Su experiencia comenzó en un puesto administrativo en la Subdirección General de Personal, donde aprendió a fondo el funcionamiento de la Administración. Teresa se esfuerza por alejarse del estereotipo negativo e irreal que aún se asocia a algunos funcionarios.

3

Carmen, «la parada», enfrenta una situación personal y profesional compleja. Habiendo vivido varios años en el extranjero, domina el inglés y el alemán, y se maneja con soltura en francés; sin embargo, su autoconfianza es muy baja. Regresó a España hace un año por motivos familiares y, desde entonces, ha sufrido lo que se denomina «síndrome del parado»: nadie le escribe. Aunque está convencida de estar muy preparada y se ha inscrito en numerosas plataformas de empleo, nunca obtiene respuesta.

Gracias a la ayuda de una buena amiga, Carmen ha conseguido un contrato temporal en una pequeña empresa, donde, desde el primer día, experimenta un estado constante de sobresalto. Tras haber trabajado en una gran compañía con diversas áreas de servicios generales, recepción y otros departamentos, en esta pyme descubrió rápidamente que se siente «sola ante el peligro». Además de sus funciones de secretaría, debe atender la recepción de todas las visitas, gestionar el teléfono y encargarse de la provisión de materiales, que abarca desde el papel para la impresora o el tóner hasta el café y la leche. Aunque, dada su edad (53 años), debería apreciar la oportunidad de trabajar y cotizar en la Seguridad Social, en realidad detesta este trabajo.

4

Guillermo, «el músico», no llegó al secretariado por iniciativa propia, sino que las circunstancias, su formación y creatividad lo condujeron a ello. Es conocido como «el músico» porque, aunque su verdadera pasión es la música, nunca ha querido dedicarse profesionalmente a ella. Además de destacar por su creatividad en este ámbito, demuestra gran capacidad en su trabajo. Comenzó realizando tareas administrativas para un gerente de la empresa y, al cumplir siempre con los plazos y aportar valor añadido, se volvió imprescindible para él.

4

(continuación...)

Poco después, le propuso asumir el cargo de asistente y, tras unos meses, la empresa decidió que fuera el asistente del recién nombrado director general. Guillermo ve en este reto una oportunidad de crecimiento profesional, ya que esta dirección supervisa a unas 500 personas y lidera proyectos innovadores. No obstante, es consciente de que deberá dedicar tiempo a formarse, pues su preparación nunca estuvo orientada al secretariado, y que su esfuerzo laboral aumentará. Sin embargo, está dispuesto a organizarse sin descuidar su vida personal y familiar.

Por último, queridos lectores, cuando me refiero a profesionales, incluyo tanto a mujeres como a hombres, así como a niños y niñas. Mi intención es evitar expresiones excluyentes, como «alumnos y alumnas» o «compañeros y compañeras». Dado que la profesión se ejerce mayoritariamente por mujeres (97%), he optado por utilizar el género femenino.

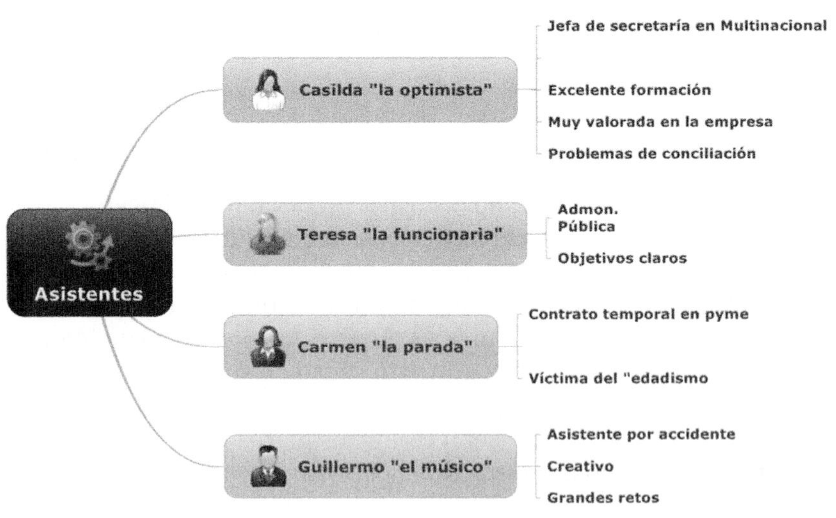

Espero que este manual resulte de interés para mis colegas como para quienes estén considerando emprender una nueva trayectoria profesional o elegir su futuro camino laboral. Cabe destacar que, aunque en ocasiones esta profesión puede implicar riesgos y hacernos sentir como si camináramos sobre la cuerda floja, se trata, en última instancia, de tomar decisiones sobre la marcha y enfrentar los desafíos con determinación.

CAPÍTULO 2. EXPECTATIVAS DE LAS EMPRESAS

2.1. QUÉ ESPERAN LAS EMPRESAS DE UNA ASISTENTE

La figura de la asistente o del personal de secretariado ha evolucionado notablemente a lo largo del tiempo. Este cambio ha sido tan profundo que incluso se ha modificado la denominación del puesto. Hoy en día se emplean expresiones como *secretaria ejecutiva*, *personal assistant* (PA), *executive PA* o *senior PA*, entre otras. Tradicionalmente, este cargo ha sido ocupado mayoritariamente por mujeres; sin embargo, cada vez es más frecuente encontrar hombres desempeñando estas funciones. La asistente ya no se limita a realizar tareas administrativas, como la recepción de visitas, la gestión de llamadas o la organización de agendas.

Cuando las empresas inician un proceso de selección para contratar a una asistente o secretaria, esperan que las candidatas acrediten una formación sólida y demuestren ser personas equilibradas y proactivas. Se requiere competencia en las técnicas propias de la profesión, dominio de idiomas y habilidades destacadas en organización, comunicación, trabajo en equipo, gestión multitarea y una imagen profesional impecable.

Además, el rol de la asistente se ha ampliado en los últimos años, convirtiéndola, entre otras funciones, en el nexo entre la dirección y el equipo. Por ello, se valoran otros aspectos que, si bien pueden ser difíciles de evaluar en una entrevista, resultan fundamentales.

1 Confiabilidad

No se limita al cumplimiento del horario o al presentismo; implica un profundo sentido de la responsabilidad. La confianza que un directivo deposita en su secretaria no depende de las herramientas utilizadas ni del reconocimiento oficial, sino que se gana con el tiempo. Históricamente, el secretariado se ha caracterizado por su capacidad de manejar información confidencial y actuar con prudencia, de ahí que «secretaria» derive de «secreto».

2 Habilidad y voluntad para aprender

Los avances tecnológicos y las innovaciones en distintas áreas exigen un aprendizaje continuo.

3 Lealtad y confidencialidad

El acceso a la información por parte de una secretaria es comparable al de un directivo. Por ello, su compromiso con la empresa y la absoluta confidencialidad son imprescindibles. Desde tiempos remotos, quienes han ejercido esta función han sido depositarios de información sumamente sensible.

> *No puede haber amistad sin confianza,*
> *ni confianza sin integridad.*
> Samuel Johnson

4 Credibilidad

Estrechamente ligada a la reputación, se refleja en la capacidad de generar confianza en la palabra y el criterio propio, tanto en compañeros como en superiores.

5 Tacto y discreción

El día a día implica afrontar situaciones delicadas y tratar con personas difíciles, lo que exige un manejo cuidadoso y reservado de cada circunstancia.

6 Flexibilidad y adaptabilidad

La disposición para escuchar distintos puntos de vista y adaptarse a los cambios es clave para fomentar un entorno laboral armonioso.

7 Resiliencia

Es la habilidad para enfrentarse, sobreponerse y transformarse ante experiencias adversas.

8 Buen conocimiento del protocolo

Como primera imagen de la dirección, la asistente debe «saber estar»: atender llamadas, recibir visitas y actuar como anfitriona. Es indispensable aplicar correctamente las normas del protocolo empresarial e institucional, adaptándolas al contexto de la organización.

> *Dichoso es aquel que mantiene una profesión que coincide con su afición.*
>
> George Bernard Shaw

Algunas empresas exigen mucho de sus asistentes, a veces sin ser del todo conscientes. Se espera de ellas que sean verdaderos híbridos: profesionales que, sin la rigidez de un ejecutivo, reúnan competencias propias del cargo y, a la vez, actúen como solucionadoras de problemas, casi como bomberos que previenen incendios antes de que ocurran.

Caso práctico

Enrique, «el estudioso», debe seleccionar una asistente

Enrique está a punto de asumir la dirección de una importante dependencia de la Administración pública, con proyectos vinculados a diversos países, especialmente en Latinoamérica, Oriente Medio y Europa.

Consciente de la necesidad de un perfil muy específico, Enrique busca una asistente que reúna los siguientes requisitos:

- Formación en secretariado o profesiones afines.
- Al menos cinco años de experiencia.
- Dominio del inglés.

La primera fase del proceso consiste en una revisión minuciosa de los currículums facilitados por el departamento de Recursos Humanos. Posteriormente, se realiza una conversación telefónica previa a la entrevista, en la que incluso el más mínimo detalle —como la impuntualidad, aunque se justifique con problemas de tráfico— se interpreta como una falta de previsión.

¿Qué es lo que realmente busca Enrique? Asume que las candidatas cumplen los requisitos básicos, ya que han superado oposiciones, pero lo que verdaderamente valora son ciertas habilidades y competencias:

- Compromiso.
- Diplomacia.
- Capacidad de negociación.
- Tolerancia al estrés.
- Buena comunicación.
- Autocontrol.
- Iniciativa.

(continuación...)

- Capacidad para trabajar en equipo.
- Habilidad para la resolución de conflictos.

Teresa causó una excelente impresión desde el primer contacto telefónico, en el que su voz resultó muy agradable. Llegó puntual a la entrevista, se mostró cómoda pese a no conocer el edificio, saludó de forma cordial al personal de recepción y proyectó una imagen y modales impecables. Al hablar sobre las tareas a desempeñar, sus ojos se iluminaron al comentar: «todo está por organizar». Con veinte años de experiencia en la Administración pública, Teresa conoce en profundidad los procedimientos administrativos y, para Enrique, representa a la secretaria ideal.

Comentario

Enrique sabe exactamente qué cualidades debe tener su colaboradora: alguien eficaz ante situaciones de crisis, que no genere conflictos, sino que los resuelva, y, sobre todo, que sienta pasión por su trabajo, convirtiendo los desafíos en oportunidades.

2.2. ¿QUÉ NO ESPERAN LAS EMPRESAS DE UNA ASISTENTE?

Con frecuencia, las empresas dan por sentado que sus asistentes lograrán lo imposible. Se espera de ellas, además del compromiso, la capacidad de gestionar situaciones aparentemente contradictorias: competir y colaborar al mismo tiempo, sin perder el equilibrio.

Caso práctico

Guillermo, «el músico», se convierte en asistente

Guillermo siempre ha demostrado ser mucho más que un administrativo. Sus habilidades y competencias llamaron la atención de uno de los gerentes de la empresa, quién empezó a delegar en él tareas como la elaboración de informes y presentaciones, liberándolo de otras funciones, e incluso le asignó responsabilidades propias de una asistente, como atender llamadas y recibir visitas. Poco a poco, su buen desempeño le ganó la confianza y el aprecio del gerente.

Tras unos meses, la empresa nombró a un nuevo director de división, muy valorado dentro de la organización, que llegó sin asistente asignado en el departamento de Recursos Humanos. Convencido del potencial de Guillermo, el gerente le propuso asumir el reto de convertirse en el asistente del nuevo director general, pese a las dificultades que conllevaría.

Comentario

Aunque Guillermo carezca de algunos conocimientos técnicos, posee las competencias esenciales para el rol: responsabilidad, confidencialidad y gran capacidad de adaptación. Estas cualidades han incrementado su credibilidad profesional.

2.2.1. ¿Qué no quieren las empresas de una asistente?

Las empresas evitan contratar a personas sin iniciativa —que esperan instrucciones para actuar— y, especialmente, rehúyen perfiles «tóxicos», lo cual es aún más importante en puestos tan cercanos a la dirección. Nadie desea incorporar a alguien que, en vez de resolver problemas, se empeñe en crearlos.

Características de las personas tóxicas

- Se centran exclusivamente en sí mismas y muestran escasa empatía.
- Inducen emociones negativas.
- No asumen responsabilidades.
- Se enfocan en lo negativo.
- En lugar de actuar, señalan lo que habría que hacer.
- Justifican sus errores con excusas.
- Tienden a prejuzgar.
- Fomentan rumores.
- Se creen superiores.
- Adoptan el papel de víctima.
- Manipulan.
- Se resisten al cambio.

Caso práctico

Pedro, «el inseguro», no está satisfecho con su secretaria

Ante la consolidación de su empresa, Pedro decidió contratar hace unos meses a una secretaria-recepcionista. Eligió a Carmen, apodada «la parada», considerando que, al tener más de 50 años, contaba con experiencia suficiente y requeriría poca formación adicional. Además, valoró positivamente su contratación por ser una persona desempleada y de mayor edad.

(continuación...)

Sin embargo, los problemas no tardaron en aparecer. Carmen, procedente de una gran empresa, no comprendió del todo el funcionamiento de una organización pequeña en expansión, donde todos deben colaborar en diversas tareas. Pedro empezó a verla más como un obstáculo que como un apoyo, debido a su carácter peculiar y a su tendencia a alterarse por cuestiones menores. Por ejemplo, el primer día, cuando Pedro le indicó que retirara dinero de caja para comprar productos de limpieza, ella replicó que esa tarea no correspondía a sus funciones, aunque añadió que lo hacía «por hacer un favor y sin que sirviera de precedente».

Comentario

Pedro tiene claras sus prioridades: necesita a alguien que resuelva conflictos, no que los genere. Carmen debería adaptarse a las nuevas circunstancias, pues el cambio es inevitable. Aferrarse al pasado no es beneficioso. Una pyme puede presentar desafíos, pero también ofrece oportunidades para la innovación y la flexibilidad.

2.3. HABILIDADES PARA TRABAJAR EN 2026

La llamada Industria 4.0 marca el inicio de la Cuarta Revolución Industrial. Esta revolución combina técnicas de producción de vanguardia con sistemas inteligentes que se integran tanto en las organizaciones como en las personas. Se caracteriza por la velocidad vertiginosa de los cambios y la necesidad constante de adaptación.

Se prevé que, durante esta década, la digitalización de los sistemas de producción tendrá un impacto profundo en las empresas, alterando la manera en que la economía afecta a las personas, la sociedad y los países.

En este contexto, tanto las organizaciones como los profesionales deben prepararse para afrontar una transformación radical.

Asimismo, la inteligencia artificial cobra cada vez más relevancia en el ámbito laboral. Actualmente, se emplea para automatizar calendarios, transcribir textos e incluso resumir informes en cuestión de segundos. Lejos de augurar la desaparición del rol de la asistente, estas tecnologías apuntan a su evolución. La clave estará en la capacidad de adaptación y mejora continua.

En la última edición del Foro Económico Mundial en Davos se analizó el impacto transformador y sin precedentes de la Cuarta Revolución Industrial en todos los ámbitos de la sociedad. Se destacó que el tejido empresarial experimentará tasas exponenciales de cambio, lo que alterará las competencias y habilidades necesarias para afrontar este nuevo escenario laboral, afectando también de manera directa al perfil de secretarias y asistentes.

CAPÍTULO 3.
EL SECRETARIADO: ¿PROFESIÓN VOCACIONAL?

Iniciar este análisis es como adentrarse en un jardín en el que resulta difícil distinguir matices que, quizá, ni siquiera existan. En una profesión que carece de reconocimiento oficial y de una escala laboral definida, intentar marcar diferencias es, cuanto menos, utópico. Partimos de hechos irrefutables:

- Las secretarias y asistentes no figuran en los organismos públicos que regulan el empleo en España ni aparecen en los convenios colectivos. En otras palabras, ni el Ministerio de Trabajo y Economía Social ni los sindicatos reconocen formalmente esta profesión; simplemente, no existimos.
- Nos ubicamos dentro de la escala administrativa y, posteriormente, se nos incluye en un área funcional. Por ejemplo, en algunos convenios colectivos se describe el puesto de la siguiente manera: secretario/a de dirección. *Es el/la trabajador/a que, a las órdenes inmediatas de un director o similar, realiza funciones administrativas, despacha correspondencia ordinaria y concierta entrevistas. Se requiere que posea amplios conocimientos de ofimática e idiomas.*

Aunque la descripción resulta clara y precisa, cabe destacar que, pese a la corrección política en la denominación «secretario/secretaria», se sobrentiende siempre una dependencia directa del director. No se contempla, por ejemplo, la figura de la «secretaria virtual», que en realidad es una profesional autónoma y *freelance*.

Resulta curioso que, mientras el Ministerio de Educación reconoce la profesión a través del Real Decreto 1582/2011, de 4 de noviembre, que establece el Título de Técnico Superior en Asistencia a la Dirección y fija sus enseñanzas mínimas, en la práctica formativa y laboral las asistentes terminan siendo consideradas administrativas.

Incluso en el ámbito empresarial la situación es confusa. En algunas grandes empresas y multinacionales, la denominación «secretaria» está en declive. Esto podría obedecer al reconocimiento del aspecto ejecutivo del puesto o al deseo de adoptar términos más modernos y políticamente correctos, olvidando que, en épocas no muy lejana, «secretaria» tenía un matiz peyorativo, reduciéndola a «la chica que sirve el café en las reuniones». Dado que este debate ya ha quedado en gran medida en el pasado, es mejor dedicar nuestro tiempo a cuestiones de mayor trascendencia.

Aunque nos formamos en centros públicos o privados y carecemos de una categoría profesional oficial, la carrera del secretariado se ha profesionalizado cada vez más, independientemente del nombre que se le asigne. Para comprender mejor la situación actual, conviene analizar de dónde venimos, dónde estamos y hacia dónde vamos.

3.1. DE DÓNDE VENIMOS

Aunque la imagen de la secretaria está vinculada a la máquina de escribir, el origen de la profesión es mucho más antiguo. La palabra «secretario» proviene del latín *secretarius*, y designaba a quien gestionaba asuntos confidenciales para personas poderosas (reyes, nobles, etc.). Esta figura se popularizó durante el Renacimiento, y algunos secretarios llegaron a tener una influencia notable en la vida política y social.

Con la Revolución Industrial, iniciada a mediados del siglo XIX, se transformaron los ámbitos económicos y se consolidaron grandes empresas, lo que impulsó el desarrollo de puestos administrativos en oficinas.

En ese siglo, la figura del secretario se consolidó como responsable, principalmente, de la correspondencia y de la asistencia a las altas esferas. Hasta la invención de la máquina de escribir, este trabajo era realizado exclusivamente por hombres.

La irrupción de la máquina de escribir, en la década de 1880, abrió la puerta a la incorporación de numerosas mujeres en el campo del secretariado. Tras la Primera Guerra Mundial, al ser los hombres destinados al frente, la presencia femenina en el mercado laboral se consolidó. En España, con algunas excepciones, esto ocurrió de manera algo tardía.

Muchas mujeres se especializaron como taquimecanógrafas, pues el proceso de preparar textos manuscritos para mecanografiarlos se consideraba tedioso y, por ello, los empresarios optaron por el dictado. Es interesante recordar que la taquigrafía no era una técnica novedosa, ya que sus orígenes se remontan a la Grecia clásica.

Durante la década de 1950, las secretarias comenzaron a definirse profesionalmente, asumiendo tareas que iban más allá de la mera mecanografía. La incorporación de la telefonía modificó el entorno laboral, permitiendo que abandonaran, en cierta medida, el tradicional «pool» de mecanógrafas para ubicarse más cerca de la dirección.

Desde sus inicios, las secretarias han sido fundamentales para el funcionamiento eficiente de una organización, encargándose de la gestión de archivos, la transcripción y la transmisión de información, ya fuera por correo, teléfono o de manera personal.

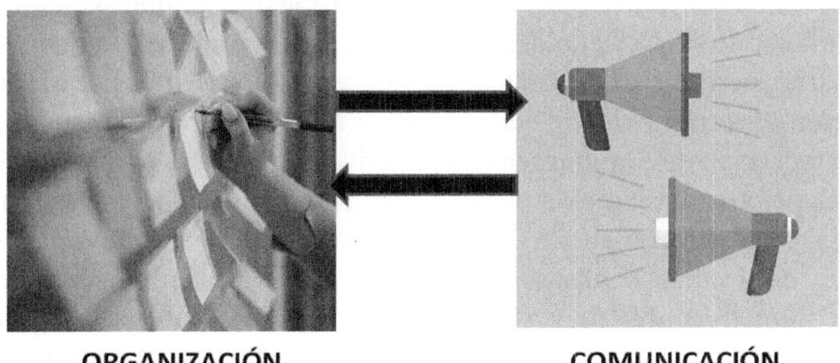

3.2. A DÓNDE VAMOS

Tradicionalmente asociada a la mujer —pues en España el 97 % de quienes ejercen esta profesión son mujeres—, la función de secretaria ha evolucionado en paralelo a los avances tecnológicos.

La introducción de equipos informáticos y la evolución de la telefonía, especialmente durante la década de 1990, han revolucionado el secretariado. La digitalización ha permitido que las secretarias y asistentes no estén ancladas a un puesto físico, favoreciendo la movilidad geográfica gracias a dispositivos móviles y sistemas de comunicación.

Hacia finales del siglo XX se produjo un cambio significativo: se empezó a utilizar la denominación «asistente administrativo y/o ejecutivo» en lugar de «secretaria». Este nuevo término subraya la función de apoyo directo a la dirección, que abarca desde la solución de problemas hasta la planificación y supervisión de equipos.

Las asistentes, hoy en día, realizan labores que trascienden lo meramente administrativo. La tecnología ha liberado a estas profesionales de tareas rutinarias, permitiéndoles dedicarse a la investigación en internet, a la organización de grandes eventos corporativos, a la elaboración de presupuestos y a la redacción de comunicaciones directivas, entre otras responsabilidades. El proceso de selección para acceder a estos puestos es ahora mucho más exigente: se requiere un expediente académico destacado, pruebas de aptitud que evalúen competencias informáticas, organizativas, de relación y de gestión de conflictos, y, por supuesto, habilidades interpersonales.

En este nuevo escenario, la tecnología —incluida la inteligencia artificial— se presenta como una herramienta para automatizar tareas repetitivas, liberando tiempo para funciones estratégicas que requieren juicio, proactividad e inteligencia emocional. Es probable que la IA asista en ciertas labores, pero el valor del contacto humano y la capacidad de anticiparse a las necesidades siguen siendo irremplazables.

3.2.1. El teletrabajo

Las tecnologías de la información han dado lugar a la modalidad de teletrabajo, que permite desempeñar funciones sin necesidad de presentarse físicamente en la empresa. Entre sus ventajas destacan la conciliación laboral y el ahorro en desplazamientos, aunque también puede disminuir el sentimiento de pertenencia y aumentar el aislamiento.

Caso práctico

Teresa, «la funcionaria», y el trabajo

Teresa ha negociado con su jefe la posibilidad de teletrabajar tres días a la semana, conforme a lo aprobado para los funcionarios en la Administración pública.

Enrique, «el estudioso», recién nombrado director, se siente agobiado por sus nuevas responsabilidades y es reticente a adoptar el trabajo a distancia.

Comprensiva y empática, Teresa propone iniciar un período de prueba de dos días semanales durante este mes, acordando que se coordinarían los días en que no haya reuniones ni visitas programadas.

El primer día de teletrabajo, además de atender las llamadas, preparar la reunión del equipo y gestionar la correspondencia, Teresa elabora un programa para la reunión, demostrando previsión y visión estratégica.

(continuación...)

Comentario

Teresa actúa correctamente al adelantarse a las contingencias y demostrar visión estratégica. Su iniciativa refuerza la idea de que, más allá del lugar desde el que se trabaje, lo esencial es la eficacia en la ejecución de las funciones. Enrique, quien no cree en el «presentismo», reconoce que lo fundamental es la eficiencia, lo que permite que Teresa desarrolle sus labores de manera excelente, ya sea desde la oficina o desde casa.

Con la irrupción de la inteligencia artificial en el ámbito laboral, han surgido interrogantes sobre el futuro del puesto de secretaria de dirección. Se plantea, por ejemplo, la siguiente cuestión a herramientas de IA como Copilot:

¿Crees que la IA hará desaparecer el puesto de secretarias de dirección, considerando que es un rol que requiere gran proactividad e inteligencia emocional?

Aunque la tecnología de IA ha avanzado significativamente y está transformando numerosos sectores, el puesto de secretaría de dirección demanda una combinación de habilidades que la inteligencia artificial aún no es capaz de replicar por completo: proactividad, inteligencia emocional, juicio humano y capacidad para gestionar relaciones interpersonales complejas.

Es probable que la IA se utilice para asistir en tareas repetitivas y administrativas, lo que podría liberar tiempo para que estas profesionales se enfoquen en responsabilidades más estratégicas y de gestión. En lugar de desaparecer, el rol podría evolucionar para incluir tareas de coordinación y liderazgo, aprovechando al máximo las capacidades humanas. La tecnología y la IA son herramientas muy poderosas, pero la empatía y el juicio humano continúan siendo insustituibles en muchos aspectos del trabajo.

3.2.2. Figuras profesionales

La figura del secretariado se ha diversificado en múltiples perfiles, dejando atrás la clasificación tradicional que incluía a la recepcionista, la secretaria de departamento, la de dirección o incluso la de presidencia. Entre las nuevas denominaciones y roles destacan:

- Office Manager (OM): responsable de la gestión diaria de la oficina, coordina personal, presupuestos y logística sin depender exclusivamente de un director.
- Asistente Ejecutiva (EA): con perfil ejecutivo, se anticipa a las necesidades de los altos directivos, gestiona agendas y coordina grandes eventos corporativos. Además, recopila datos y prepara informes para la dirección.
- Asistente Ejecutiva en empresa familiar: combina funciones de la EA con tareas propias de la Office Manager en el entorno específico de una empresa familiar.
- Personal Angel: asistente especializada en gestionar la vida privada de personas con alto poder adquisitivo, actuando de manera discreta para facilitar la vida de su principal.
- Asistente Personal (PA): profesional polivalente que administra agendas, coordina reuniones, viajes, eventos y prepara documentos para asegurar el correcto funcionamiento del equipo.
- Secretaria virtual: emprendedora que ofrece servicios de secretariado de forma autónoma, atendiendo labores puntuales o como suplente del personal físico.

3.2.3. Protocolo empresarial

El protocolo es el conjunto de normas sociales que regulan la conducta en público. Es fundamental que todas las figuras del secretariado posean conocimientos sólidos tanto de protocolo empresarial como institucional.

Estas normas son clave en reuniones sociales y eventos, ya que marcan la diferencia en la imagen y el prestigio de la organización.

3.3. BUSCAR TRABAJO ES UN TRABAJO

Tras analizar las diversas figuras profesionales, las nuevas funciones e incluso el cambio inevitable en la escala laboral, cabe preguntarse cuál es la situación del mercado en esta profesión. Indudablemente, en el mundo empresarial se exige mucho a la hora de contratar esta figura profesional y, por tanto, al buscar empleo es necesario tener en cuenta qué valoran las empresas.

Tal como indica el título de este epígrafe, «buscar trabajo es un trabajo», y es necesario afrontarlo. Hay cuestiones básicas que se deben considerar para alcanzar el objetivo: conseguir el puesto ideal. Para ello, es fundamental preparar un plan estratégico que responda, como mínimo, a las siguientes preguntas:

- ¿Qué tipo de empresa busco? Multinacional, pyme, empresa familiar, sociedad unipersonal, etc.
- ¿Qué tipo de figura profesional ofrezco? Es necesario responder de forma realista y honesta, evitando autoengañarnos.

3.3.1. Herramientas «tradicionales» para la búsqueda de empleo

¿Dónde buscar posibles vacantes que se ajusten al perfil y los requisitos establecidos? Conviene acudir a empresas de contratación y, por supuesto, consultar ofertas en redes sociales laborales, como LinkedIn. No hay que olvidar tampoco el *networking*, ya que el «boca a boca» puede resultar muy eficaz.

El mercado laboral es complejo y presenta numerosas dificultades para quienes buscan empleo. Resulta sumamente útil servirse de las distintas herramientas disponibles para aumentar las posibilidades de conseguir un puesto que cumpla las expectativas:

- Currículum vitae (CV): es la primera impresión que recibe la empresa de una candidatura. Ya sea en búsqueda activa o considerando un cambio, el CV debe estar actualizado y adaptado a cada situación para lograr los mejores resultados.
- Carta de presentación: funciona como tarjeta de visita que acompaña al currículum. Su objetivo es generar una impresión positiva y obtener una entrevista.
- Portales de empleo: herramientas muy útiles de usar para buscar trabajo. Es necesario acceder con frecuencia, completar el CV y actualizar el perfil para causar una buena impresión.
- Redes sociales profesionales: han adquirido un gran protagonismo en la búsqueda de empleo, especialmente LinkedIn. Como en los portales, es imprescindible revisarlos a diario.

3.3.2. El mercado laboral del secretariado. ¿Existe?

La tendencia de los últimos años muestra un claro aumento en la demanda de perfiles de soporte que dominen idiomas, especialmente inglés, francés y el alemán. En esta década se prevé un repunte en la empleabilidad de profesionales polivalentes con dominio de idiomas y ofimática, especialmente en los sectores tecnológico, industrial e inmobiliario.

El perfil de puestos de secretariado sirve para definir las cualidades que se buscan en una asistente, así como las responsabilidades que deberá asumir al ocupar la vacante.

3.3.3. La entrevista de trabajo

La entrevista de trabajo tiene una importancia capital y debe prepararse exhaustivamente. En primer lugar, es necesario analizar la descripción del puesto para conocer en profundidad los requisitos.

Igualmente, es esencial informarse lo máximo posible sobre la empresa que oferta el puesto. Conviene investigar en internet, consultando la web corporativa para conocer los productos o servicios que ofrece, el estilo de comunicación, la historia, los valores, si participa en alguna acción social, cómo son sus clientes, etc.

Además, es importante revisar la presencia de la empresa en redes sociales laborales, como LinkedIn, para saber a qué se dedica, quiénes son sus empleados y de qué tratan sus publicaciones.

Toda preparación es valiosa, y es fundamental anticiparse a las posibles preguntas que podría plantear el entrevistador y ensayar las respuestas. Por ejemplo, si la candidata ha estado un tiempo sin trabajar, debe explicar de manera honesta y directa en qué ha ocupado ese período.

El currículum no debe considerarse un documento inamovible; debe adaptarse al puesto ofertado, destacando las habilidades, competencias y experiencias que se ajusten a lo que la empresa busca.

Antes de la entrevista, conviene ensayar un breve discurso de presentación que resuma la trayectoria profesional y la formación, haciendo énfasis en situaciones que demuestren las competencias de la candidata, sin caer en exageraciones. Se trata de ser sincera y honesta, ya que los entrevistadores descartan, *a priori*, candidaturas que no lo son.

Es importante prestar atención al lenguaje corporal, a la escucha activa y al control de los nervios. Finalmente, hay que planificar el atuendo con antelación, ya que la imagen personal es crucial en cualquier puesto de trabajo, y más aún en el de asistente, figura que suele representar la primera imagen que se transmite de la empresa.

3.3.4. Cazatalentos o *headhunters*

El cazatalentos, también conocido como *headhunter*, puede definirse como el profesional dedicado a la búsqueda de candidatos idóneos para ser contratados en determinados puestos, generalmente de carácter estratégico, para aquellas compañías de primer nivel que prefieren este sistema en lugar de la selección tradicional.

Esta opción puede ser especialmente útil cuando se está en búsqueda de empleo, ya que un cazatalentos (o una empresa de cazatalentos especializada) se dedica a encontrar y contratar personas con talento para puestos clave. Muchas empresas recurren a estos profesionales para identificar a los mejores candidatos para cargos ejecutivos o para roles estratégicos, como es el caso de determinadas asistentes.

CAPÍTULO 4.
COMPETENCIAS

Las competencias son aquellas destrezas, conocimientos y habilidades que distinguen a las personas con un desempeño superior de aquellas con un desempeño simplemente adecuado. Podemos clasificarlas en personales y profesionales.

4.1. COMPETENCIAS PERSONALES

Las competencias personales nos diferencian de otras personas y constituyen el núcleo de nuestra personalidad. No dependen de la formación ni, en principio, de la experiencia, aunque esta última, a lo largo de los años, adquiere un peso específico en nuestra manera de proceder y actuar que nos distingue de los demás. Ante una misma situación, cada persona responde de manera distinta, a veces incluso de forma opuesta a la de quien tiene al lado. Entre las principales competencias personales cabe citar:

- Comunicación.
- Confianza.
- Resolución de conflictos.
- Organización.
- Comunicación oral y escrita.
- Atención al detalle.
- Gestión del tiempo.
- Empatía.

Caso práctico

Pedro, «el inseguro», busca una asistente

Pedro fue nombrado recientemente CEO de una empresa mediana que cuenta con 180 empleados. Tiene una buena trayectoria profesional, y el Consejo de Administración confía en su gestión. Sin embargo, aunque Pedro aparenta mucha seguridad, en el fondo se siente muy inseguro y no entiende por qué le han encomendado una tarea tan importante como es potenciar la empresa y ampliar la producción. De hecho, padece el «síndrome del impostor».

Necesita una asistente y lo comenta con uno de sus gerentes. Este, que le conoce bien, le dice que cree tener a la persona idónea: Guillermo, «el músico», uno de los administrativos del departamento de Administración que también ejerce como secretario. El gerente considera que Guillermo posee unas competencias personales que lo convierten en el candidato ideal para ser el asistente del CEO, aunque todavía necesita formarse para adquirir las competencias profesionales necesarias.

La gran pasión de Guillermo es la música, pero pronto se dio cuenta de que vivir de ella es complicado. Por ello, mientras esperaba el éxito, cursó un ciclo formativo de Administración en Formación Profesional (FP). Durante el tiempo que lleva en la empresa ha demostrado tener una gran capacidad organizativa, muy buenas habilidades de comunicación y mucha empatía. El gerente piensa que sus competencias serán de gran ayuda para Pedro.

Comentario

Las competencias profesionales son muy importantes. Sin embargo, las competencias personales resultan cruciales, sobre todo en casos como este. Para un directivo inseguro como Pedro, contar en su equipo con una persona con la sensibilidad de «el músico» puede marcar la diferencia.

4.2. COMPETENCIAS PROFESIONALES

La globalización, la aparición de nuevas formas de trabajo, el cambio de paradigma económico y los modernos modelos de organización empresarial han traído consigo una mayor profesionalización del secretariado. Actualmente se exigen competencias muy centradas en el ámbito de las nuevas tecnologías, un dominio avanzado de los idiomas —ya no basta con tener nociones básicas de inglés— y sólidas habilidades intrapersonales, interpersonales y directivas.

Conviene aclarar que, aunque las competencias profesionales forman un conjunto integrado, resulta útil dividirlas en dos grandes categorías: competencias técnicas propiamente dichas y aquellas vinculadas a la inteligencia emocional. Ambas son complementarias. Si no se dominan las primeras —y no solo las tradicionalmente asociadas al secretariado—, el futuro laboral puede verse seriamente comprometido.

4.2.1. Competencias técnicas

A continuación, se enumeran las principales competencias técnicas que una secretaria o asistente de dirección debe reunir:

Organización, competencia clave que distingue al secretariado de otras profesiones afines. Incluye, entre otros, comprende los siguientes aspectos:

- Gestión y coordinación de la agenda y las comunicaciones de la dirección, alineándolas con otras áreas u organizaciones.
- Planificación y organización de eventos, reuniones y actos corporativos.
- Coordinación y seguimiento de equipos de trabajo.

(continuación...)

Comunicación, en todas sus dimensiones:

- Dominio de idiomas (imprescindible inglés y, preferentemente, francés o alemán). No basta con hablar un idioma con soltura; es necesario comprender su gramática y manejar un vocabulario amplio en contextos jurídicos, financieros, comerciales, etc.
- Relaciones públicas, proyectando una imagen profesional y coherente de la empresa.
- Manejo de protocolo institucional y empresarial.
- Atención al cliente (externo, interno y potencial).
- Capacidad para resolver incidencias y contingencias con iniciativa, criterio y autonomía.

Dominio de la tecnología, que abarca:

- Elaboración de presentaciones, documentos e informes integrando textos, datos y gráficos.
- Gestión de proyectos y uso de herramientas colaborativas.
- Configuración y uso eficaz de dispositivos de telefonía inteligente.
- Creación de documentos basados en necesidades detectadas o información recopilada.

Conocimientos jurídicos, esenciales para:

- Comprender la constitución y el funcionamiento de entidades, conforme a la normativa civil y mercantil vigente.
- Identificar la clasificación de empresas y sus principales características.
- Conocer los distintos tipos de contrato y sus implicaciones.

(continuación...)

Gestión de la información, un punto clave tanto en el presente como de cara al futuro:

- Saber organizar, clasificar, proteger y distribuir información de forma segura y eficiente.
- Comprender que la información es un conjunto estructurado de datos con significado, cuyo valor depende de su correcta recopilación, tratamiento y aplicación.

Educación financiera, que incluye:

- Capacidad para elaborar e interpretar balances, cuentas de resultados y estados financieros.
- Conocimiento funcional de productos bancarios.
- Gestión eficaz de proveedores y control de costes.

Queda claro que estas competencias técnicas forman parte de la formación formal de la secretaria. Sin embargo, no deben subestimarse las competencias personales, cuyo impacto en el entorno laboral es igualmente determinante.

4.2.2. Competencias emocionales o *soft skills*

Los profesionales del secretariado deben poseer competencias muy similares a las de los directivos, especialmente aquellas vinculadas a la comunicación. Esto nos lleva a preguntarnos qué habilidades sociales deben tener los ejecutivos (y, por ende, sus asistentes). Estas competencias, conocidas en inglés como *soft skills,* se refieren a habilidades relacionadas con la inteligencia emocional.

Daniel Goleman, en su libro *La práctica de la inteligencia emocional,* define esta como «una forma de interactuar con el mundo que tiene muy en cuenta los sentimientos, y engloba habilidades tales como el control de los impulsos, la autoconciencia, la motivación, el entusiasmo, la perseverancia, la empatía y la agilidad mental. Estas habilidades configuran rasgos de carácter como la autodisciplina, la compasión o el altruismo, que resultan indispensables para una buena y creativa adaptación social». Sin exagerar, en todas las profesiones es imprescindible contar con inteligencia emocional y social, pero en el secretariado lo es aún más.

A continuación, examinamos algunas de las competencias emocionales imprescindibles en una secretaria de alta dirección o asistente ejecutiva (dejando para el siguiente capítulo el análisis de las habilidades personales).

4.2.2.1. Comunicación eficaz

La base de todas las habilidades sociales es saber comunicar con eficacia. Los cambios rápidos en la naturaleza del trabajo y su entorno han aumentado aún más la necesidad de comunicarse con claridad. En un mundo empresarial complejo y globalizado, saber trabajar en equipo requiere una comunicación precisa, empática y oportuna.

Una comunicación eficaz debe ser directa, clara, objetiva y rica en información. Debe producirse en el momento adecuado y adaptarse al contexto. Asimismo, el arte de la escucha es esencial para una buena comunicación. Escuchar con atención favorece el entendimiento y hace que nuestros interlocutores perciban nuestro interés genuino por ellos y por sus opiniones.

«Saber escuchar» no es simplemente oír. Escuchar de verdad exige esfuerzo y disposición. Algunas actitudes que obstaculizan la escucha activa son:

- Escuchar solo para comprobar si estamos de acuerdo o no.
- Pensar en la respuesta mientras la otra persona habla.
- Prestar atención solo a lo que nos pueda afectar negativamente.
- Interrumpir mentalmente al interlocutor porque «ya sé lo que va a decir».
- Tener la mente en otro asunto.

Para mejorar la capacidad de escucha se recomienda:

- Mirar a los labios del interlocutor mientras habla y a los ojos al responder.
- Tomar notas si procede.
- Evitar distracciones internas y externas.
- No dar nada por supuesto.
- No interrumpir.
- Escuchar más de lo que se habla.
- Mostrar y sentir empatía.
- Mantener una actitud de abierta y franca.
- Responder con disposición positiva.
- Parafrasear, resumir y verificar lo comprendido.

La comunicación es una actividad inherente al ser humano. Comunicar es hacer llegar información de un emisor a un receptor mediante un canal, buscando una respuesta (retroalimentación o *feedback*). Elementos clave en este proceso:

- Contexto: influye notablemente en la eficacia del mensaje. El estado físico y emocional tanto del emisor como del receptor condiciona la comunicación.
- Canal: se deben emplear los medios adecuados (visual, vocal, verbal) y ajustar el tono de voz, la expresión corporal y la imagen personal al mensaje.
- Barreras: cualquier elemento que impida o distorsione el intercambio de información. Son comunes y pueden presentarse de formas muy variadas.
- Retroalimentación: es la condición necesaria para una comunicación bidireccional. Cuando el receptor responde (con palabras, gestos, actitudes...), se genera una verdadera interacción. Puede ser positiva (fomenta el diálogo) o negativa (interrumpe o cambia el tema). Existen dos tipos de receptor:
  - Pasivo: solo recibe el mensaje.
  - Activo o perceptor: recibe, comprende, procesa, responde y genera un nuevo mensaje, convirtiéndose a su vez en emisor. Este ciclo de interacción conforma la comunicación en dos sentidos.
- Código: es el sistema de signos que permite traducir el pensamiento en mensaje. Si emisor y receptor no comparten el mismo código, la comunicación resultará deficiente o incluso imposible.

4.2.2.2. Autocontrol

El autocontrol es la competencia emocional que nos permite gestionar nuestras emociones y decidir cómo expresarlas. Aunque no es necesario manifestar todas las emociones, tampoco conviene reprimirlas ni negarlas. El autocontrol emocional no debe confundirse con un exceso de contención o la supresión sistemática de los sentimientos espontáneos, lo cual puede generar un elevado coste físico y mental.

Las personas emocionalmente inteligentes expresan los sentimientos relevantes y manejan de forma positiva aquellas emociones que no conviene exteriorizar. Demuestran un autocontrol equilibrado y adecuado, por lo que suelen ser percibidas como abiertas, comunicativas y receptivas.

Un componente clave del autocontrol es la gestión eficaz del estrés, cuyos efectos negativos son ampliamente conocidos: desde problemas de salud y pérdidas de memoria hasta alteraciones significativas en el rendimiento personal y profesional.

Cómo afrontar el estrés: pautas prácticas

- Reconocer su presencia: admitir que estamos bajo presión es el primer paso para gestionarla.
- Observar señales de agotamiento y cambiar rutinas disfuncionales.
- Identificar el origen del problema: comprender qué lo desencadena y cómo nos afecta.
- Ser flexibles y abiertos al cambio.
- Establecer objetivos realistas: priorizar lo importante y abandonar exigencias innecesarias.
- Pedir ayuda cuando sea necesario: el apoyo social es clave bajo presión.
- Aprender a decir «no»: evitar sobrecargas aceptando solo responsabilidades asumibles.
- Hacer ejercicio regularmente: mejora el bienestar general y reduce el estrés.
- Reservar tiempo para el ocio y la desconexión.
- Cuidar la alimentación: evitar el exceso de tabaco, café o alcohol, y seguir una dieta equilibrada.
- Aprender técnicas de respiración y relajación: herramientas esenciales para calmar cuerpo y mente.

4.2.2.3. Motivación

El término «motivación» proviene del latín *motus*, que aludía al impulso que moviliza al individuo a actuar. La motivación implica energía, movimiento, activación. Para describir un estado motivado usamos términos como entusiasmo, intensidad, acción o propósito.

Podemos entender la motivación como el resultado de tres factores clave:

- Claridad: tener bien definidos los objetivos que se desean alcanzar.
- Coherencia: disponer de medios adecuados para avanzar hacia ellos.
- Compromiso: perseverar en el esfuerzo, incluso ante la incertidumbre o el fracaso.

Diversos estudios han identificado varias motivaciones (o necesidades) que actúan como motores internos capaces de orientar, mantener o modificar nuestra conducta. Todas influyen de forma significativa en el rendimiento laboral. A continuación, se presentan las más relevantes en el ámbito profesional:

- Motivación por logro: impulso por mejorar y alcanzar la excelencia en una tarea. La persona motivada por logro busca retos constantes y mide su éxito por su progreso personal.
- Motivación por competencia: deseo de realizar el trabajo con alta calidad. Estas personas se enfocan en dominar su función y crecer profesionalmente, encontrando satisfacción en el proceso.
- Motivación por afiliación: necesidad de pertenecer a un grupo, recibir aprecio y mantener buenas relaciones interpersonales.

(continuación...)

- Motivación por autorrealización: deseo de desarrollo personal y maduración psicológica. Implica fortalecer la autonomía, la independencia y el control sobre el entorno según la propia personalidad y las exigencias sociales.
- Motivación por poder: impulso por influir, liderar o tener control sobre otros. Puede manifestarse de forma negativa o positiva. Cuando se orienta el poder institucional (buscar el bien común), puede dar lugar a liderazgos muy efectivos. Características de las personas motivadas por el poder:
- Buscan generar impacto en su organización.
- Asumen riesgos para lograr ese impacto.
- Utilizan el poder de manera constructiva o destructiva, según sus valores y objetivos.

Muchos expertos coinciden en que la motivación más poderosa no es la que viene del exterior, sino la que generamos internamente. La automotivación depende de la actitud ante la vida y los acontecimientos. Esta actitud, a su vez, está condicionada por factores externos y, sobre todo, por cómo gestionemos nuestras emociones frente a ellos. Ahí radica la clave para fomentar una motivación auténtica y sostenible.

4.2.2.4. Orientación al servicio

Las personas orientadas al servicio son aquellas que ofrecen su ayuda de forma desinteresada, comprenden las necesidades de sus clientes —ya sean externos o internos— y logran fidelizarlos al mostrarse dignas de confianza.

Cabe destacar que un cliente no es únicamente quien adquiere los productos o servicios de la empresa; el concepto es mucho más amplio. Son clientes, reales o potenciales, todas aquellas personas que entran en contacto con la organización. Incluso quienes, en su momento, dejaron de serlo, por los motivos que fueran, deben ser considerados.

La atención al cliente y la gestión de reclamaciones generalmente no son funciones asignadas al personal de secretaría, salvo contadas excepciones. No obstante, aunque formalmente no sea una de sus tareas, en la práctica es la secretaria de alta dirección quien suele gestionar las reclamaciones más delicadas: aquellas sensibles o provenientes de los clientes más importantes.

4.2.2.5. Gestión de conflictos

Los conflictos son inherentes a la vida y constituyen una gran fuente de aprendizaje. Tener conflictos significa, simplemente, estar vivo; lo importante es saber gestionarlos. Algunos conflictos son inevitables y, por supuesto, no conviene ignorarlos, pues se corre el riesgo de que se conviertan en problemas enquistados o recurrentes.

Un conflicto puede ser de tipo intrapersonal, interpersonal o laboral (organizacional).

- Intrapersonal: surge en el furo interno de la persona, en forma de inconformidades, insatisfacciones, desacuerdos o contradicciones que desembocan en un conflicto interno con uno mismo.
- Interpersonal: es el conflicto que se presenta con otras personas, a menudo por falta de habilidades sociales, escasa empatía o poca inteligencia emocional.
- Laboral u organizacional: dificultades de diversa índole que surgen en el entorno laboral, entre individuos, entre grupos de trabajo, entre miembros de la organización o incluso entre departamentos dentro de la estructura organizativa.

Principales razones por las que surgen los conflictos interpersonales u organizacionales:

- Estilos de comunicación deficientes.
- Lucha por el poder.
- Insatisfacción con los estilos de supervisión.
- Liderazgo deficiente.
- Falta de apertura y transparencia.
- Cambios en el liderazgo.

Aunque parezca contradictorio, el conflicto no es necesariamente negativo. De hecho, un cierto nivel de conflicto —controlado o tolerable— puede generar consecuencias positivas, tales como:

- Estimular un estado de alerta en las personas.
- Impulsar la creatividad.
- Enriquecer la toma de decisiones.
- Fomentar la autocrítica.
- Mejorar la comunicación.
- Favorecer un mayor conocimiento de uno mismo y de los demás.

Por otra parte, entre los aspectos negativos de un conflicto mal gestionado se pueden mencionar:

- Deterioro de la cooperación y el trabajo en equipo.
- Creciente desconfianza entre personas que deberían coordinar sus esfuerzos.
- Personalización del problema (el conflicto pasa a ser «contra la persona»).
- Aumento de la frustración, disminución de la autoestima y aparición de estrés.

Una de las características de las personas con habilidad para resolver conflictos es que saben reconocer cómo se originan los problemas y toman las medidas necesarias para calmar a los implicados.

4.2.2.6. Negociación

El término «negociación» ha cobrado tanta importancia que hoy se sitúa por encima de otras formas de solución de conflictos, como el arbitraje, los procesos judiciales o la mediación, tanto en el ámbito internacional como en las relaciones económicas y comerciales entre países, organizaciones e individuos.

Cuando hablamos de negociación, solemos imaginar grupos de personas poderosas discutiendo asuntos cruciales para la humanidad, un país, una empresa o algún colectivo importante. Claro que ese tipo de negociaciones existe; sin embargo, en nuestro día a día también negociamos continuamente: con nuestros jefes, compañeros, familiares o amistades.

Por ello, saber negociar —y hacerlo bien— adquiere una importancia fundamental para lograr relaciones más armoniosas en la vida, así como posiciones más sólidas y satisfactorias en nuestro entorno profesional y personal.

Toda negociación tiene como objetivo llegar a acuerdos, resolver diferencias o exponer y defender los propios intereses. La capacidad de negociar está muy relacionada con la habilidad de resolver conflictos, aunque no siempre se negocia exclusivamente para solucionar un problema.

En una negociación, por lo general, se puede optar por una de las tres estrategias que se describen a continuación:

- Buscar una solución en la que ambas partes obtengan algún beneficio de forma similar.
- Comprometerse para encontrar una solución en la que ambas partes renuncien equitativamente a algo.
- Imponer: una de las partes fuerza a la otra a renunciar a los beneficios que podría obtener.

En los dos primeros casos, la intención es satisfacer nuestras necesidades al mismo tiempo que se propicia que la otra parte también satisfaga las suyas. Se trata de negociaciones colaborativas, basadas en la búsqueda conjunta de soluciones que atiendan las necesidades de ambas partes. Para ello, es fundamental crear un clima de confianza mutua.

Cuando se opta por una estrategia de imposición (negociación competitiva) lo que se pretende es lograr exclusivamente los propios objetivos, impidiendo que la otra parte alcance los suyos. Suelen ser negociaciones duras, basadas en el regateo y con un importante componente de intimidación.

Para ser eficaz en una negociación, se requiere una serie de conocimientos y habilidades indispensables, entre las cuales destacan las siguientes:

1

Habilidades de relación interpersonal

- Conocer y mostrar las propias fortalezas.
- Gestionar las debilidades sin evidenciarlas.
- Resolver conflictos.
- Conocer a la otra parte y sus necesidades.
- Presentar argumentos adaptados a las características del otro negociador.
- Generar confianza.
- Saber escuchar y comunicarse de forma efectiva.
- Crear un clima de cooperación entre las partes.
- Ser flexible, es decir, colocarse en el lugar del otro y aceptar cambios.

2

Técnicas del negociador

- Planificar, ejecutar y controlar la negociación siguiendo una secuencia lógica y predeterminada.
- Emplear ideas que hagan más atractivo el propio argumento para sensibilizar a la otra parte.
- Desarrollar la habilidad de hacer concesiones y superar obstáculos.

La negociación es un arte y, por tanto, los negociadores no pueden encasillarse en un único modelo de negociación, pues cada uno constituye, sin duda, un acto de creación. Todo esto conduce a la necesidad de estudiar con detenimiento las etapas del proceso negociador.

ETAPAS DEL PROCESO DE NEGOCIACIÓN

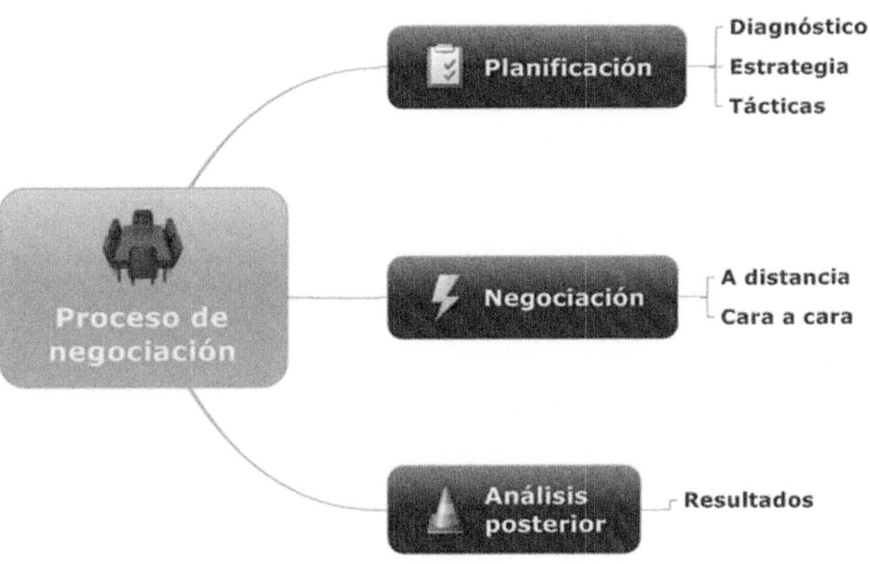

CAPÍTULO 5.
HABILIDADES INTRAPERSONALES, INTERPERSONALES Y DIRECTIVAS

Tras analizar las competencias mínimas necesarias para ejercer como profesional del secretariado, en este capítulo se examinan aquellas competencias que, en algunos casos, son innatas y, en otros, es necesario desarrollar.

El entrenamiento de las capacidades emocionales contribuye a mejorar determinadas actitudes. Nos enseña a reconducir las emociones negativas y a convertir en positiva alguna actitud que, en muchos casos, puede ser contraproducente. Cada persona es única, con sus propias fortalezas y debilidades.

En este capítulo profundizaremos en las principales habilidades intrapersonales, interpersonales y directivas.

5.1. HABILIDADES INTRAPERSONALES

Son las habilidades que se refieren a la relación con uno mismo y al conocimiento de sí mismo. Las personas con una inteligencia intrapersonal notable poseen modelos viables y eficaces de sí mismas.

A continuación, se analizan las habilidades intrapersonales más vinculadas al trabajo y al desarrollo profesional, las cuales resultan imprescindibles para las profesionales del secretariado.

5.1.1. Autoconocimiento

Es la habilidad para reconocer y comprender los propios sentimientos, así como para diferenciarlos entre sí y saber qué los causa. Es la percepción precisa de uno mismo. Implica utilizar dicho conocimiento para organizar y dirigir nuestra propia vida. Permite identificar nuestros puntos fuertes y débiles, tanto en el ámbito profesional como en el personal.

Las personas dotadas de esta habilidad presentan las siguientes características:

- Comprenden cómo las emociones influyen en sus pensamientos, palabras y acciones.
- Conocen el modo en que sus sentimientos afectan su rendimiento intelectual y laboral.
- Son conscientes de sus valores y objetivos.

Los valores constituyen la forma de pensar, ver y actuar de cada persona. No obstante, la escala de valores no es un elemento estático; depende de múltiples factores que hacen que, según las circunstancias históricas, sociales y personales, unos valores predominen sobre otros.

Los objetivos personales parecen estar muy vinculados a los propios valores. De lo contrario, todo nuestro ser se ve afectado por la contradicción.

5.1.2 Autodesarrollo

El autodesarrollo es la habilidad para aprovechar las oportunidades de crecimiento personal y reforzar las competencias profesionales. Este crecimiento se basa en la formación y en la experiencia, propia y ajena.

5.1.3. Autodisciplina

La autodisciplina es la capacidad que una persona tiene que aplicarse normas y mantener el compromiso con sus propios objetivos. El primer paso para desarrollar esta importante habilidad es cambiar el enfoque: en lugar de ver la obligación como un sacrificio o un obstáculo, debe asumirse como un reto, teniendo en cuenta la necesidad de establecer una estrategia personal al respecto.

- Trabajar en pro de una meta realista y específica. Es recomendable dividirla en pasos pequeños y centrarse en ellos cada día.
- Centrarse en los beneficios, relacionando cada tarea con el logro de la meta.
- Visualizar el éxito.
- Revisar a diario la motivación y los objetivos. Es útil tenerlos por escrito y registrar los pequeños logros, esperanzas, dudas y victorias.

5.1.4. Autoestima

La autoestima es la valoración positiva que una persona hace de sí misma y de su forma de ser. Quien posee esta competencia se caracteriza por:

- Asumir responsabilidades.
- Sentirse orgullosa de sus éxitos.
- Afrontar nuevas metas con optimismo.
- Quererse y respetarse a sí misma.
- Rechazar las actitudes negativas.
- Expresar sinceridad en cada muestra de afecto.
- Sentirse conforme consigo misma tal como es.

El grado de autoestima varía en función de múltiples factores, entre los que se incluyen el entorno familiar, la salud física y mental, el contexto social y cultural, los valores y objetivos personales, la edad, el aspecto personal, etc. Sin embargo, por encima de todo, prevalece el concepto que la persona tiene de sí misma.

5.1.5. Autonomía

Es la capacidad para, por iniciativa propia, controlar, afrontar y tomar decisiones personales; llevarlas a la práctica; asumir los riesgos implícitos; y aceptar la responsabilidad, todo ello sin necesidad de que lo indiquen o sin consultar previamente con la línea jerárquica.

5.1.6. Autocontrol

Es la habilidad que permite gestionar las emociones y sentimientos y decidir cómo expresarlos. Aunque no es necesario manifestar todas las emociones, tampoco resulta conveniente esconderlas o negarlas.

El autocontrol emocional no equivale al exceso de control, entendido como la supresión de todo sentimiento espontáneo, lo cual conlleva un coste físico y mental.

La falta de autocontrol puede manifestarse de dos formas opuestas: un control insuficiente de las emociones o, por el contrario, un exceso de control que casi implica negarlas.

5.2. HABILIDADES INTERPERSONALES O SOCIALES

Para que las relaciones interpersonales sean fluidas y enriquecedoras, es necesario poseer o desarrollar determinadas habilidades, identificadas como inteligencia social.

5.2.1. Empatía

La habilidad social más importante es, quizá, la empatía, entendida como la «conciencia de los sentimientos, necesidades y preocupaciones ajenas». Es la capacidad del ser humano para conectar con otra persona, responder adecuadamente a sus necesidades y compartir sus sentimientos e ideas. La empatía consiste en tratar de «ponerse en los zapatos del otro».

5.2.2 Comunicación asertiva

La comunicación asertiva es la habilidad de expresar ideas —positivas o negativas— y sentimientos de forma abierta, honesta y directa. Las características básicas de la persona asertiva son:

- Libertad de expresión.
- Comunicación directa, adecuada, abierta y franca.
- Facilidad para comunicarse con todo tipo de personas.

Cuando falta la conducta asertiva, el individuo tiende a mostrar una conducta pasiva o agresiva.

La conducta pasiva se manifiesta en la inseguridad al interactuar con otras personas, en el deseo permanente de agradar a quienes lo rodean sin importar su propio bienestar, y en la tendencia a evitar enfrentamientos. Este tipo de actitud es especialmente notoria en la comunicación verbal.

La conducta agresiva implica defender los derechos personales y expresar pensamientos, sentimientos y opiniones de forma inapropiada e impositiva, transgrediendo los derechos ajenos.

5.2.3. Influencia y persuasión

Se podría definir la influencia como la posesión de una de las herramientas más eficaces para la persuasión.

Las personas con esta competencia no solo perciben las emociones ajenas —la empatía es esencial para fomentar la influencia—, sino que son capaces de transmitir su estado de ánimo y su entusiasmo por un proyecto, una idea o la transformación de una situación establecida.

Son personas que convencen, buscan agradar a sus oyentes y contagian su entusiasmo. Utilizan recursos para exponer con claridad sus puntos de vista, teniendo en cuenta la «temperatura emocional» de su público. Involucran a las personas en la acción y emplean su empatía para sumar apoyos a su causa.

Las personas hábiles en el arte de la influencia son capaces de percibir las reacciones de sus oyentes e incluso anticiparse a ellas, conduciendo a su público hacia la meta deseada.

5.2.4. Confiabilidad

No cabe duda de que esta es una competencia muy valorada por las empresas en sus empleados, especialmente cuando se trata de la relación entre directivos y sus asistentes personales o secretarias. No debemos olvidar que el secretariado pertenece, en la mayoría de las empresas, implícita o explícitamente, a lo que se denomina «personal de confianza».

5.2.5. Resiliencia

La resiliencia es la capacidad de adaptarse a la adversidad y lograr resultados positivos. Las personas resilientes saben gestionar la incertidumbre y el estrés. Aunque tienen muy claros sus objetivos y la perseverancia necesaria para alcanzarlos, también poseen la flexibilidad suficiente para adaptar sus planes o cambiar sus metas cuando es necesario.

Caso práctico

La secretaria de Alberto, «el antiguo», se pregunta:
Si tú me dices ven... ¿lo dejo todo?

¿Qué sucede cuando nuestro compromiso con la empresa y el trabajo exige que, cada vez que él nos dice «¡Ven!», tengamos que dejarlo todo? Sin duda, debemos hacerlo cuando existe una crisis —real o supuesta— en nuestro entorno laboral. Es el momento de darlo todo, especialmente si nuestro trabajo es más una pasión que un simple empleo y si sentimos un fuerte compromiso.

Ahora bien, ¿qué ocurre cuando ese «¡Ven!» se produce de forma continuada y sin motivo aparente?

Esta es la cuestión que Casilda, la asistente de Alberto, se plantea continuamente. Hasta la fecha, cada vez que él le ha pedido que esté en el despacho, ella ha acudido. Sin embargo, la mayoría de las veces estaba por estar, pues al final no parecía que su presencia fuese necesaria.

En muchas ocasiones, Casilda ha mostrado una actitud pasiva, dejándolo todo simplemente porque a Alberto se le ocurrió que tal vez —solo tal vez— la necesitaba.

Cabe destacar que el carácter de Alberto es sumamente difícil. Como dato anecdótico, al resto del equipo lo tutea y llama por su nombre de pila, pero a Casilda la trata de usted.

Sin embargo, ella ha decidido cambiar de actitud, entre otras razones porque ha sentido un deseo irrefrenable de responder a la llamada con un alto grado de agresividad, y esa actitud no le parece aceptable.

(continuación...)

Casilda es una persona muy resiliente y se adapta a la personalidad de su jefe como a sus extravagantes peticiones y órdenes. Pero, ante la enésima vez que Alberto le pide que se quede «por si hace falta», ella responde con calma y amabilidad que lo siente muchísimo, que ya ha terminado todo el trabajo pendiente, que ha cumplido con creces su horario laboral y que, además, su familia la está esperando.

Comentario

Es importante ser diligentes y estar implicados en la actividad de la empresa. Eso es lo que hay que hacer. Pero tanto directivos como empleados debemos aprender a establecer límites. Debemos estar todos a una cuando realmente hace falta, pero no podemos ni debemos olvidar los otros aspectos de la vida, es decir: «Si tú me dices ven... lo dejo todo, si verdaderamente es necesario».

La resiliencia y la comunicación asertiva son sumamente importantes en el entorno laboral. Cuando los derechos personales se ven conculcados, puede ocurrir que se adopte un comportamiento pasivo o agresivo, lo cual resulta totalmente improcedente.

5.3. HABILIDADES DIRECTIVAS

Las habilidades gerenciales o «directivas» son un conjunto de capacidades y destrezas que una persona posee para desempeñar actividades de liderazgo y coordinación en su rol como gerente o líder de un grupo de trabajo u organización. La realidad actual exige que secretarias y asistentes dispongan de estas habilidades.

5.3.1. Liderazgo

¿Qué significa liderazgo? ¿Qué perfil tiene un líder? ¿Se trata de saber mandar? ¿Tiene que ver con el poder? ¿Solo son líderes en la empresa los directivos? ¿En la vida en general, son líderes quienes tienen mayor repercusión mediática?

Parecen demasiadas preguntas para comenzar. Sin embargo, se trata de buscar respuestas sobre la naturaleza del liderazgo y qué tipo de habilidades conforman a un líder. Respecto a otra cuestión clave: ¿Se necesita liderazgo para ser una asistente de dirección competente o, por el contrario, es contraproducente?

El liderazgo tiene mucho que ver con la iniciativa y la actitud proactiva, y no cabe duda de que el profesional del secretariado debe actuar por iniciativa propia en múltiples ocasiones a lo largo de su actividad y, desde luego, hacerlo de forma proactiva. Como miembro del equipo de un directivo, no puede limitarse a estar disponible para lo que este indique, ya que su principal función es agilizar el trabajo de forma creativa, rigurosa y anticipada. Las personas con iniciativa actúan antes de que las circunstancias las obliguen, lo que significa que saben anticiparse a los problemas.

Durante mucho tiempo se ha intentado definir y medir los rasgos y habilidades de los líderes. Sin embargo, hasta ahora no se ha alcanzado un consenso al respecto.

Los estudios sobre el liderazgo señalan que los líderes tienden a ser más brillantes, tienen mejor criterio, interactúan más, trabajan bien bajo presión, toman decisiones y se sienten seguros de sí mismos.

Asimismo, existen cuatro elementos que caracterizan a todas las personas con gran capacidad de liderazgo:

- Visión. El líder comienza con una visión y después planifica cómo alcanzarla. Esta visualización se basa en asuntos reales, intuición y pasión. En todos los casos, la visión es la clave para iniciar el desarrollo de un líder.
- Capacitar. Selección y formación de las personas idóneas para alcanzar las metas establecidas.
- Potenciar. El líder debe proporcionar el estímulo necesario para que su equipo (formal o informal) actúe. Esto se logra construyendo metas comunes que se alcanzan mediante el esfuerzo conjunto.
- Responsabilizar. Implica otorgar y definir responsabilidades claras y específicas a cada miembro del equipo. Todos dependen de todos.

Existen casi tantos tipos de liderazgo como líderes. Sin embargo, todos comparten ciertas actitudes que los diferencian de los meros gestores.

5.3.1.1. Estilos de liderazgo

Aunque el liderazgo puede encontrarse en personas con muy distintos temperamentos y personalidades, con posiciones jerárquicas diversas y en ámbitos también muy dispares, a continuación, se presentan —con fines aclaratorios— algunos de los estilos más característicos en el marco de la empresa:

1 Líder autócrata

Asume toda la responsabilidad en la toma de decisiones; inicia las acciones, dirige, motiva y controla a su personal. Suele considerar que solo él es competente para tomar decisiones importantes, y cree que sus subalternos son incapaces de guiarse por sí mismos o bien tiene otras razones para adoptar una postura de fuerza y control. Espera de sus subordinados (a quienes ni siquiera considera parte de su equipo) únicamente obediencia y adhesión a sus decisiones.

2 Líder liberal

Delega en su equipo la autoridad para tomar decisiones. Suele manifestar que «hay un trabajo que debe hacerse y no le importa cómo, lo importante es que se haga bien». Espera que su equipo asuma la responsabilidad de su propia motivación, guía y control.

3 Líder participativo

Consulta a su equipo, aunque no delega su derecho a tomar las decisiones finales. Escucha las ideas y opiniones de sus colaboradores antes de definir directrices específicas. Fomenta la participación y la toma de decisiones por parte de quienes dependen de él o ella, buscando que sus ideas se vuelvan cada vez más útiles y maduras. Apoya a su equipo y no adopta una postura dictatorial, aunque la autoridad final sobre los asuntos importantes permanece en sus manos.

4 Líder facilitador

Valora las ideas que se le presentan y crea un entorno de aprendizaje. Asume el papel de *coach* o mentor, siendo capaz de extraer lo mejor de cada miembro del equipo. Aprecia el individualismo, pero no pierde el *norte*, es decir, sus objetivos. Es eficaz en la selección de los miembros del equipo y en la toma de decisiones, la cual realiza tras escuchar y valorar lo que cada persona considera relevante.

5 Líder creativo

Construye una visión atractiva y convincente para guiar a su equipo hacia nuevos modos de hacer las cosas. Tiene influencia y transmite energía para que su equipo comparta esa visión. Genera un clima de confianza, acepta los desacuerdos, premia la innovación y no castiga el fracaso, al que considera simplemente un paso más en el aprendizaje.

Ninguno de estos estilos es intrínsecamente bueno o malo; su idoneidad depende en gran medida de la personalidad del líder, del tipo de empresa y de la actividad que se desempeñe. Tampoco está claro que una persona adopte un único estilo de liderazgo y no modifique su comportamiento según las circunstancias.

Es posible que, a medida que evoluciona el equipo, el estilo también se transforme. Al fin y al cabo, si asumimos que el líder, en la mayoría de los casos, no nace, sino que se hace, el liderazgo es un largo camino de aprendizaje en el que deben desarrollarse habilidades, conocimientos y estrategias.

5.3.1.2. Aprendiendo a liderar

El líder no es un superdotado, ni un ente mítico o un ser sobrenatural; es el producto de un proceso de crecimiento personal que lo lleva a conocer y medir sus capacidades y debilidades para saber dónde y cómo contribuir al logro de una meta establecida.

En realidad, no existen recetas para aprender a ser líder. Se trata, sobre todo, de un aprendizaje continuo que busca generar un cambio en la actitud y en la forma de percibir las cosas.

En cuanto a la actitud, es necesario reunir las competencias emocionales que permiten un desempeño laboral sobresaliente. Además, se requiere un cierto grado de ambición que, bien orientada, no es en absoluto reprobable.

Por supuesto, el líder debe disponer no solo de competencias emocionales, sino también de las competencias técnicas que exige su actividad. No es imprescindible que sea un experto, y mucho menos un especialista en la materia; debe saber rodearse de personas que aporten los conocimientos técnicos necesarios.

5.3.2. Trabajo en equipo

Puede definirse como el trabajo realizado por varios individuos en el que cada uno asume una parte de la tarea, pero todos comparten un objetivo común.

Un equipo de trabajo eficiente presenta características que lo distinguen de un grupo de personas que simplemente trabajan juntas. Independientemente de su finalidad, suele contar con los siguientes elementos:

- Objetivos comunes. El equipo trabaja para alcanzar metas claramente definidas, con la participación e implicación de todos sus miembros.
- Confianza mutua. Se comparte información —incluso de carácter confidencial— y se delegan tareas que pueden implicar un alto grado de responsabilidad.
- Colaboración y comunicación. Los integrantes colaboran y comparten información, planes y recursos, aprovechando la sinergia del grupo. La comunicación es fluida, abierta y espontánea; se fomenta el diálogo, la escucha activa y el respeto por los diferentes puntos de vista.
- Diversidad y complementariedad. Cada miembro aporta habilidades y conocimientos distintos que, en conjunto, enriquecen el rendimiento del equipo.
- Normas establecidas. Estas deben ser claras, coherentes y flexibles, de modo que faciliten el trabajo y la consecución de objetivos.

(continuación...)

- Moral alta. Todos los miembros muestran un elevado nivel de motivación.
- Compromiso con los fines comunes. Los integrantes están convencidos de la importancia de la tarea y de que sus resultados contribuyen al objetivo global de la empresa. Nadie es imprescindible, pero todos son necesarios.
- Liderazgo formal o informal. El líder puede ser designado formalmente o surgir de manera espontánea para satisfacer la necesidad de dirección. Incluso puede haber más de un líder. En todo caso, cualquiera que sea su origen, debe estar orientado a la tarea global y al logro de objetivos: motiva, apoya, anima, armoniza, media, defiende, estimula e incentiva.

Un equipo de trabajo se asemeja a una orquesta: la importancia del director es innegable, pero también lo es la de los músicos, y cada uno debe ser un virtuoso del instrumento que tiene a su cargo. La partitura debe estar en poder de todos y cada uno de los miembros del equipo, así como del director.

5.3.3. Visión y pensamiento estratégico

El término *visión estratégica* hace referencia, especialmente en el ámbito empresarial, a la capacidad de anticipar la realidad futura (visión) para alcanzar una meta. A esta visión, que debe ser clara y objetiva, se suma un plan de acción (estrategia) que permita lograr los objetivos planteados.

Quien posee visión estratégica establece metas a medio y largo plazo y diseña un plan de acción basado en los recursos disponibles. Además, analiza el contexto: los cambios sociales, políticos, económicos y tecnológicos que pueden incidir en su proyecto, el cual debe ser flexible y contemplar posibles contingencias.

Es fundamental tener en cuenta tanto las fortalezas como las debilidades personales, así como las distintas opciones o caminos disponibles para alcanzar la meta. De este modo, podrá elegirse aquel que permita llegar a ella con menores costes y en menos tiempo, sin comprometer la calidad del resultado. Asimismo, es conveniente establecer alternativas ordenadas por prioridad, por si el camino inicialmente elegido resultara ineficaz.

5.3.4. Gestión de las crisis y del cambio

Las crisis y el cambio son una constante en la vida, tanto personal como profesional. Las personas con habilidades directivas están siempre alerta ante la posibilidad de una crisis. Prevén contingencias, lo que reduce notablemente los daños potenciales. Por el contrario, la falta de prevención puede acarrear consecuencias negativas, ya que se pierde tiempo en activar procedimientos de emergencia que no se habían previsto con antelación.

A grandes rasgos, pueden distinguirse tres fases en el proceso de gestión de crisis:

1 Fase de precrisis

Corresponde al momento en que se detectan los primeros indicios de un posible acontecimiento crítico. Esta fase, de carácter preventivo, es quizá la más importante y comprende:

- Detección de señales. Observar, escuchar y examinar el entorno de forma constante.
- Preparación y prevención. Hacer todo lo posible para evitar que la crisis se materialice, y estar preparados por si finalmente ocurre.

2 Fase de crisis

La crisis no pudo evitarse ni contrarrestarse en la fase anterior y ha transcendido incluso a los medios de comunicación. Esta etapa incluye:

- Gestión (comunicación). Manejar la crisis y su impacto.
- Contención o control. Evitar que la crisis se extienda a otras áreas aún no afectadas.

3 Fase de postcrisis

Cuando la crisis ha pasado y la organización vuelve a la normalidad, es momento de analizar y aprender de la experiencia:

- Recuperación. Aplicar programas de reanudación adaptados a las nuevas circunstancias.
- Aprendizaje. Evaluar las lecciones críticas que deja la experiencia vivida.

> *En los momentos de crisis, solo la imaginación es más importante que el conocimiento.*
> Albert Einstein

Las crisis y el cambio suelen ir de la mano: muchas veces, una crisis señala la necesidad de un cambio.

Las personas con habilidades directivas saben gestionar el cambio e incluso impulsarlo, superando las resistencias que puedan surgir. La gestión del cambio no consiste en aplicar modas pasajeras o modelos de gestión efímeros, sino en aprovechar los cambios del entorno para alcanzar objetivos más ambiciosos.

5.3.5. Toma de decisiones

La toma de decisiones es el proceso mediante el cual se elige una opción o forma de actuar para resolver distintas situaciones de la vida, ya sea en contextos:

- Profesionales.
- Laborales.
- Familiares.
- Personales.
- Empresariales.

En esencia, consiste en seleccionar una de las alternativas disponibles con el fin de resolver un problema actual o potencial, incluso cuando no exista un conflicto evidente. Tomar decisiones implica un proceso reflexivo que requiere tiempo para valorar las distintas opciones y prever las consecuencias de cada una.

En las empresas, al igual que en otros los ámbitos, se toman decisiones constantemente. La mayoría se basan en estrategias que consideran la complejidad del entorno. Para facilitar este proceso, los expertos han desarrollado metodologías que ayudan a elegir la opción más adecuada. Una de las más utilizadas es el árbol de decisiones.

William T. Greenwood, autor del libro *Teoría de decisiones y sistemas de información*, explica que la toma de decisiones es un proceso de resolución de problemas. Para ello, es fundamental realizar un diagnóstico adecuado, una búsqueda exhaustiva y elegir la mejor alternativa mediante un proceso de ramificación: lo que conocemos como árbol de decisiones.

5.3.5.1. ¿Qué es el árbol de decisiones?

Un árbol de decisiones es un mapa que representa los posibles resultados derivados de una serie de decisiones relacionadas. Permite a un individuo u organización comparar diversas acciones según sus costes, probabilidades y beneficios.

Se trata de una estructura ramificada que ayuda a evaluar cuál es la mejor opción para resolver un problema, considerando consecuencias, riesgos, costes y otros factores relevantes. Además, permite visualizar claramente los riesgos y beneficios asociados a cada alternativa.

Características del árbol de decisiones:

- Plantea el problema desde múltiples posibilidades de acción.
- Permite un análisis exhaustivo de todas las soluciones posibles.
- Proporciona un esquema para cuantificar el coste de cada resultado y su probabilidad de ocurrencia.
- Facilita la toma de decisiones basadas en la información disponible y en las mejores suposiciones.

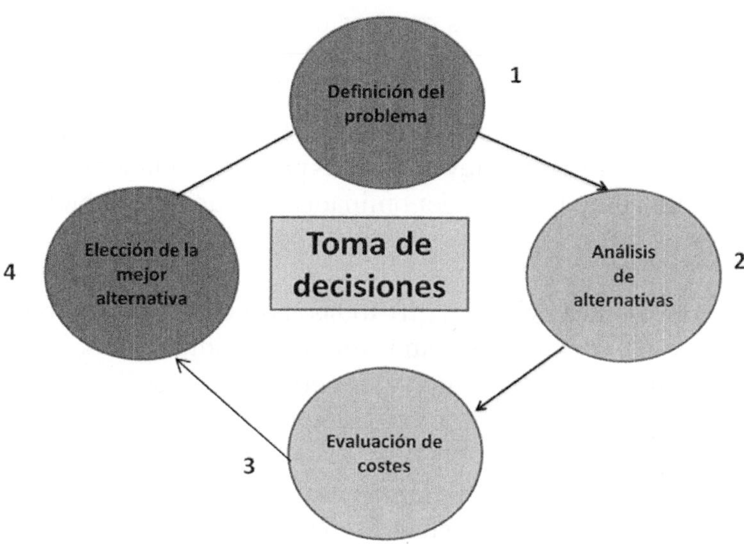

Su estructura permite analizar las alternativas, los eventos, las probabilidades y los resultados. En resumen, los árboles de decisión son herramientas muy eficaces porque:

- Plantean claramente el problema, lo que permite analizar todas las opciones.
- Facilitan el estudio detallado de las posibles consecuencias de cada decisión.
- Ayudan a seleccionar la mejor alternativa con base en datos y estimaciones razonadas.

5.3.6. Gestión del tiempo

La primera consideración es algo obvio que, sin embargo, a menudo olvidamos: el día tiene veinticuatro horas y la semana, siete días, para todo el mundo. Entonces, ¿por qué para algunas personas el tiempo parece ser más extenso y todos pensamos que sus días tienen más horas? ¿Es que gestionan mejor el tiempo? ¿Son más eficientes?

Las personas eficientes pueden ser tan distintas entre sí como el día y la noche, y utilizar estrategias muy diferentes para alcanzar sus objetivos. Sin embargo, todas comparten un denominador común: hacen bien las cosas importantes.

Ser eficiente implica escoger, entre todas las opciones disponibles, aquellas tareas que realmente importan y, una vez decidido qué se debe hacer, hacerlo bien. Gran parte del tiempo y la energía se desperdician por falta de objetivos claros, planificación, prioridades y visión de conjunto.

La paradoja de la gestión del tiempo es que muchas veces nos obsesionamos con controlar el tiempo, cuando en realidad deberíamos centrarnos en controlar nuestras actividades.

A continuación, se presentan una serie de etapas que permiten decidir en qué tareas debemos concentrarnos, cuáles debemos delegar o dejar de hacer, cómo organizar nuestro tiempo y qué se puede o debe cambiar:

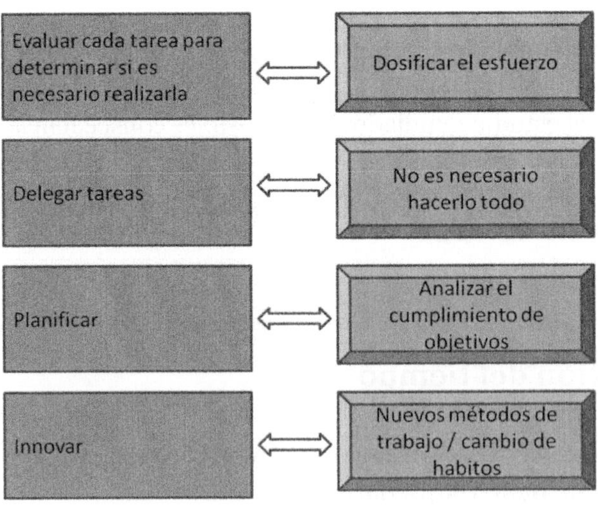

Estrategias para optimizar el rendimiento:

- Centrarse en lo importante y priorizar.
- Clasificar las tareas según su urgencia e importancia: acción urgente e importante, acción urgente y no importante, acción no urgente e importante, y acción no urgente y no importante.
- Planificar la jornada, evitando que otros organicen nuestro tiempo.
- Limitar el tiempo dedicado a cada tarea. (Ley de Parkinson: «Cualquier trabajo se dilata hasta ocupar todo el tiempo disponible»).
- Concentrarse al 100 % en cada actividad.
- Limitar las interrupciones.
- Realizar de inmediato todo lo que se pueda hacer en menos de tres minutos. Así se eliminan pequeñas tareas que distraen.
- Abordar las tareas más desagradables durante las primeras horas del día.
- Reservar tiempo para imprevistos o retrasos.
- Alternar actividades a lo largo del día. No todas el mismo de concentración, por lo que conviene identificar los momentos de mayor eficacia para cada tipo de tarea.
- Aprender a decir «no» a solicitudes que no contribuyen a nuestros objetivos o que no son de nuestro interés.
- Hacer pausas para recuperar energías e inspiración.
- Ordenar el espacio. A la naturaleza no le gusta el vacío, cuanto más espacio tenemos, más tendemos a ocuparlo. Esto nos lleva a acumular documentos innecesarios, lo cual hace que perdamos tiempo al buscarlos, e incluso podemos llegar a extraviarlos.

CAPÍTULO 6.
ORGANIZACIÓN

La capacidad de organización es, precisamente, una de las competencias que distingue a las secretarias y asistentes del resto de perfiles dentro del ámbito administrativo.

Como se ha señalado en capítulos anteriores, se ha producido un cambio vertiginoso en las formas de trabajar. Este cambio ha sido especialmente significativo en el ámbito del secretariado.

Atrás quedo la figura de la secretaria que trabajaba de forma aislada. Hoy en día, como consecuencia de los nuevos métodos de trabajo, los cambios organizacionales en las empresas y el avance tecnológico, resulta casi impensable un entorno laboral que no esté orientado al cumplimiento de objetivos y al trabajo en equipo.

Este capítulo, cuyo hilo conductor es mostrar cómo las competencias previamente mencionadas son determinantes en el desarrollo del trabajo diario, aborda cómo simplificar las tareas mediante una organización eficaz. Se analizan los procedimientos que permiten agilizar el trabajo, la forma de enfocar tareas complejas como proyectos y las estrategias más innovadoras para distribuir las responsabilidades.

6.1. EFICACIA Y EFICIENCIA

Conviene meditar sobre el significado de estos términos, definidos por el Diccionario de la lengua española de la Real Academia Española (RAE) como:

- Eficacia: capacidad de lograr el efecto que se desea o se espera.
- Eficiencia: capacidad de disponer de alguien o de algo para conseguir un efecto determinado.

Profundizando en estos conceptos, una persona eficaz es aquella que alcanza los resultados esperados, sin que importe excesivamente el uso de recursos empleados. En cambio, una persona eficiente no solo consigue esos mismos resultados, sino que lo hace utilizando la menor cantidad posible de recursos.

Así, cuando se afirma que alguien «trabaja de forma muy eficaz», se da a entender que ha cumplido satisfactoriamente con sus tareas, son entrar a valorar los métodos o medios utilizados.

En cambio, hablar de eficiencia implica una gestión racional de los recursos disponibles. Un profesional eficiente es capaz de obtener resultados tanto de forma autónoma como en equipo, optimizando los medios a su alcance. Esta visión se ajusta mejor a los modelos de trabajo actuales, donde la productividad y el uso inteligente de los recursos son fundamentales.

La eficacia es una habilidad que puede desarrollarse con la práctica, trabajando paso a paso, de forma sistemática, y estableciendo prioridades para centrarse en lo verdaderamente importante, sin descuidar las demás tareas. La capacidad de realizar el trabajo de manera adecuada resulta esencial en la vida profesional. De hecho, las oportunidades para enfrentarse a proyectos creativos y desafiantes dependen, en gran medida, de la capacidad para llevar a cabo las tareas asignadas de forma satisfactoria.

6.2. ORGANIZACIÓN PERSONAL

La organización personal es el conjunto de hábitos y estrategias que permiten gestionar de manera eficaz el tiempo, las tareas y las responsabilidades. Consiste en encontrar un equilibrio entre el trabajo y la vida personal, optimizando los recursos disponibles para alcanzar metas y objetivos de forma ordenada y sostenible.

Principales hitos para una organización personal eficaz:

1. Establecer prioridades.
2. Fijar objetivos.
3. Diseñar un plan de acción para cada una de las prioridades y objetivos definidos.
4. Planificar la semana. Distribuir el tiempo disponible en función de las propias prioridades y planes de acción.
5. Delegar y descartar. Identificar qué tareas pueden ser delegadas o eliminadas.
6. Sistematizar y crear rutinas. Una manera de agilizar el trabajo es sistematizar las tareas, estableciendo rutinas que favorezcan la eficiencia.

La vida laboral ha evolucionado hacia un modelo en el que el trabajo exige un alto nivel de esfuerzo intelectual, lo que propicia la aparición de la denominada carga mental.

La carga mental suele manifestarse de manera sutil: olvidar una cita, postergar una tarea importante o sentirse abrumado por una lista interminable de pendientes. Con el tiempo, estos pequeños descuidos se acumulan, generando una sensación constante de saturación que dificulta la toma de decisiones y afecta al bienestar general.

Existen estrategias para aliviar la carga mental:

- Gestionar el tiempo de forma proactiva.
- Establecer límites y aprender a decir «no» de manera asertiva.
- Practicar el autocuidado. Es fundamental dedicar tiempo al bienestar físico, emocional y mental.

(continuación...)

- Buscar apoyo social. Compartir preocupaciones y responsabilidades ayuda a reducir la sensación de aislamiento.
- Practicar la atención plena (*mindfulness*). Esta técnica ayuda a centrarse en el presente y a reducir pensamientos recurrentes sobre el pasado o el futuro.
- Consultar con profesionales de la salud mental en casos de carga persistente o severa.

Caso práctico

Carmen, «la parada», tiene un trabajo nuevo

Carmen ha sido contratada recientemente por José Manuel, apodado «el emprendedor». Él acaba de iniciar una nueva aventura empresarial, muy diferente de su trayectoria profesional anterior. Ha pasado de trabajar en una multinacional a fundar una pequeña pyme dedica principalmente a la comercialización de patines, aunque con ambiciones de expansión.

Actualmente cuenta con seis empleados, a los que considera colaboradores y miembros clave de su equipo. José Manuel ha decidido incorporar a Carmen como asistente, convencido de que su apoyo será fundamental en esta etapa inicial.

El proceso de incorporación (*onboarding*) de Carmen no podría haber sido más positivo. José Manuel se ha encargado personalmente de explicarle los procesos internos, presentarle al equipo y definir las expectativas de la empresa.

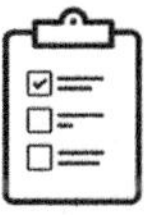

(continuación...)

Además, ha facilitado que Carmen cuente con:

- Acceso completo a su agenda.
- Contactos clave: clientes, proveedores y socios estratégicos.

Comentario

Es evidente que Carmen, pese al apoyo de José Manuel —cuyo estilo de liderazgo puede calificarse como facilitador—, aún tiene mucho que aprender. Procede del entorno de una gran empresa, mientras que el trabajo en una pyme plantea dinámicas y retos muy diferente.

6.3. LA GESTIÓN DEL TIEMPO

Los y las profesionales del secretariado no solo debemos gestionar eficazmente nuestro propio tiempo, sino también de encargarnos de la planificación y gestión de la agenda del directivo o directiva.

La gestión eficiente del tiempo es una habilidad clave, que permite alcanzar los objetivos personales y profesionales con eficiencia y sin desgaste innecesario. Desarrollarla no solo mejora el rendimiento, sino que también reduce el estrés y contribuye al equilibrio entre la vida laboral y personal.

6.3.1. Análisis del tiempo

La actitud hacia el tiempo varía de una persona a otra, e incluso una misma persona puede adoptar distintas actitudes según el contexto o el momento. Por tanto, no existen fórmulas mágicas ni normas universales aplicables a todos los casos.

La ausencia de una gestión del tiempo suele reflejarse en situaciones como prisas de última hora para cumplir plazos, reuniones innecesarias o mal planificadas, jornadas laborales poco productivas, y crisis imprevistas causadas por una falta de planificación. Este tipo de escenario conduce de forma inevitable al estrés y a una baja calidad en el trabajo, por lo que es fundamental corregir estos hábitos lo antes posible.

6.3.2. Causas de las pérdidas de tiempo

Las pérdidas de tiempo más comunes suelen deberse a factores como:

- Procrastinación. Postergar tareas importantes por ottas más simples y agradables.
- Multitarea. Intentar hacer varias cosas a la vez, reduciendo la calidad y concentración.
- Desorganización. No tener un sistema claro para ordenar prioridades y recursos.
- Comunicación ineficaz. Malentendidos, falta de claridad entre las instrucciones o canales mal utilizados.

Una de las claves fundamentales para gestionar bien el tiempo es establecer objetivos claros y bien definidos. Tener una meta concreta facilita priorizar y tomar decisiones alineadas con lo que realmente importa.

Asimismo, es esencial aprender a combatir los llamados «ladrones del tiempo», que interfieren en la productividad diaria y dificultan el logro de resultados.

6.3.3. Ladrones del tiempo

Se denominan ladrones de tiempo a aquellas acciones, actividades o personas que consumen más tiempo del deseado en relación con el resultado que se obtiene. Estas interrupciones no solo suponen una pérdida directa de tiempo, sino que también afectan negativamente a la concentración, reduciendo la productividad incluso en los minutos posteriores a la interrupción.

Debido a la naturaleza de su trabajo, los profesionales del secretariado deben atender ciertos tipos de interrupciones, y es necesario hacerlo con la mayor cortesía, ya que forman parte inherente de sus funciones. No obstante, aunque no es posible eliminarlas por completo, sí se pueden reducir al mínimo, tanto en frecuencia como en duración, con el fin de mitigar sus efectos.

Todo elemento perturbador —es decir, cualquier «ladrón del tiempo»— impide llevar a cabo las actividades planificadas y obliga a desviarse de los objetivos establecidos. Esto da lugar a un desequilibrio entre planificación y la ejecución real. Entre los síntomas más comunes derivados de una mala gestión del tiempo, se encuentran los siguientes.

- Nos sentimos agobiados, fatigados y tensos.
- Experimentamos malestar físico.
- Perdemos el control de nuestras emociones.
- Disminuye nuestra creatividad.
- Nos cuesta decir «no» (falta de asertividad).
- Tenemos la sensación de estar siendo explotados.
- No sabemos cómo afrontar la acumulación de tareas.
- Buscamos la perfección constantemente.
- Leemos poco o demasiado despacio.
- No retenemos información; tenemos dificultades de memoria.
- No somos capaces de asimilar la información de forma eficaz.
- Nos sentimos decepcionados con nuestros propios resultados.

Entre los ladrones del tiempo, hay algunos especialmente perjudiciales que no provienen del entorno, sino que surgen de nuestros propios hábitos o de una concepción errónea del trabajo. Estos factores internos suelen ser más difíciles de detectar, pero también son los más urgentes de corregir.

Desorganización personal

La desorganización personal no se limita únicamente al espacio físico de trabajo. Su raíz más profunda reside en la falta de organización mental. Una mente ordenada es la base de toda gestión eficaz. Antes de abordar cualquier tarea, es fundamental organizarla mentalmente: definir objetivos, identificar recursos necesarios y establecer un plan de acción. Emprender un trabajo sin una preparación adecuada implica malgastar tiempo y esfuerzo, y con ello se corre el riesgo de no alcanzar los resultados esperados ni el nivel de calidad deseado.

Posponer las tareas

Hay ciertos trabajos que resultan tediosos o ingratos, y ante ellos surge la tentación de dejarlos «para mañana». Sin embargo, en la mayoría de los casos, todo lo que se aplaza tiende a deteriorarse. Retrasar tareas desagradables genera bloqueos mentales, reduce la creatividad y rompe el ritmo de trabajo. En muchos casos, basta con reflexionar, reconocer la dificultad y afrontarla directamente para desbloquear la situación y comenzar a avanzar.

Se propone, como ejercicio práctico, identificar los obstáculos que impiden abordar determinadas tareas respondiendo a las siguientes preguntas:

- ¿Qué es lo que le molesta de la situación?
- ¿Qué desea evitar? ¿De qué quiere librarse?
- ¿Qué pretextos utilizar para no pasar a la acción?
- ¿Qué pierde si no realiza ese trabajo? ¿Qué riesgos asume?
- ¿Ocurre esto con frecuencia?

Algunos expertos consideran que esta tendencia a posponer constantemente puede convertirse en un trastorno psicológico, conocido como «procrastinación», definida como «la actitud de evitar o postergar conscientemente aquellas acciones que se perciben como desagradables o incómodas».

Es cierto que, por razones estratégicas o de oportunidad, puede ser útil aplazar ciertas decisiones o tareas, especialmente cuando no son urgentes o tienden a resolverse por sí solas. No obstante, cuando este comportamiento se vuelve habitual, es necesario tomar medidas para corregirlo, ya que solo conduce al inmovilismo y la ineficacia.

Delegación poco efectiva o incapacidad para delegar

Delegar significa asignar responsabilidades a otras personas con el fin de apoyo en la ejecución de tareas y mejorar la eficacia del trabajo. En el ámbito del secretariado, una delegación insuficiente o mal ejecutada puede convertirse en un auténtico ladrón del tiempo. Esto ocurre, por ejemplo, cuando el directivo delega aparentemente ciertas funciones, pero no define con claridad el alcance de la responsabilidad o impone un método de trabajo rígido, sin dar margen para la autonomía.

Este tipo de delegación obstaculiza el proceso, limita la iniciativa del profesional y, en consecuencia, impide que la tarea se realice de forma eficaz, en el tiempo y con la calidad esperada. Delegar de manera efectiva requiere confianza, claridad en la comunicación y disposición para ceder el control sobre el «cómo» se ejecuta una tarea, siempre que el resultado cumpla con los objetivos establecidos.

La multitarea o intentar hacer demasiado al mismo tiempo

El tiempo no es elástico. Esta es una verdad inmutable: una hora tiene 60 minutos y un día tiene 24 horas para todos. Pretender realizar una tarea que requiere, al menos, una hora y media en tan solo 45 minutos es, sencillamente, imposible.

Del mismo modo, la capacidad de trabajo del ser humano es variable, pero no infinita. Algunas personas pueden rendir más que otras, pero, tarde o temprano, todos alcanzamos un límite de saturación. Cuando se cruza ese umbral, todo se vuelve confuso y resulta muy difícil obtener buenos resultados.

Los ladrones de tiempo enumerados hasta ahora tienen su origen, en gran medida, en hábitos personales. Tal como lo define el Diccionario de la lengua española, un hábito es «un modo especial de proceder o conducirse adquirido por repetición de actos iguales o semejantes, o generado por tendencias instintivas».

Nuestras vidas están construidas sobre miles de hábitos —muchos de ellos útiles—, pero los hábitos no distinguen entre lo provechoso y lo perjudicial. Cualquier acción repetida tiende a automatizarse. Así, una rutina ineficiente en la oficina puede mantenerse simplemente porque «siempre se ha hecho así». La clave está en romper con los malos hábitos, que en este caso se han convertido en auténticos ladrones del tiempo, y sustituirlos por hábitos positivos, aquellos que podríamos llamar «cómplices del tiempo», por su capacidad de ayudarnos a ser más eficaces y eficientes.

Por otro lado, existen ladrones del tiempo de origen externo. Aunque no siempre requieren un análisis profundo, sí exigen una vigilancia constante para evitar que interfieran de forma sistemática en nuestra productividad.

Interrupciones telefónicas

Sin duda, el teléfono es una de las principales herramientas de trabajo para secretarias y asistentes. Sin embargo, también puede convertirse en una de las mayores fuentes de interrupción, especialmente durante tareas que requieren alta concentración.

Dado que no podemos ignorar las llamadas —sean importantes o no—, las medidas para controlar este ladrón de tiempo deben implementarse con cuidado y criterio. En este contexto, las llamadas telefónicas pueden clasificarse en dos tipos: llamadas dirigidas al directivo o directiva, y llamadas destinadas a la propia secretaría.

En el primer caso, la actuación debe ser clara y profesional: atender con amabilidad, pero de forma concisa, preguntar por el motivo de la llamada y reformular la solicitud para asegurarse de haberla comprendido correctamente, si procede, transferir la llamada al directivo, y si no procede, aplicar el método: delimitar, informar, proponer y anotar.

En el segundo caso, cuando la llamada está dirigida al profesional del secretariado: es recomendable limitar su duración al mínimo, siempre que sea posible. Hay que evitar, en la medida de lo posible, las charlas sociales innecesarias. Aunque el teléfono puede ahorrar tiempo en determinadas gestiones que, de otro modo, requerirían desplazamientos, también puede convertirse en una fuente importante de distracción y pérdida de tiempo.

Una breve conversación informal puede ser útil para propiciar un diálogo importante, pero conviene precisar, ir al grano y abreviar, siempre manteniendo la cortesía y el trato profesional. En contextos adecuados, puede ser muy eficaz proponer continuar la comunicación por correo electrónico, especialmente si el contenido requiere seguimiento o detalle.

Respecto a las llamadas pendientes, es recomendable agruparlas y realizarlas en momentos del día de menor actividad, pero eligiendo franjas horarias en las que la probabilidad de contactar con el interlocutor sea alta Esta práctica permite mantener un ritmo de trabajo fluido y evitar interrupciones constantes.

Uso excesivo de redes sociales o dispositivos electrónicos

El uso desmedido de redes sociales, mensajería o dispositivos electrónicos puede convertirse en un ladrón de tiempo significativo en el entorno laboral. Aunque estas herramientas pueden ser útiles para la comunicación y la gestión de tareas, consultarlas con demasiada frecuencia interrumpe la concentración.

Interrupciones de los compañeros de trabajo

Las interrupciones por parte de los compañeros pueden deberse a múltiples razones. A veces están relacionadas con el trabajo, pero en muchas ocasiones tienen que ver con asuntos personales o triviales. En ciertos casos, quién interrumpe busca distraerse de sus propias tareas; en otros, simplemente desea conversar o conseguir información.

La mejor manera de manejar estas situaciones es actuar con franqueza y asertividad, dejando claro que se está ocupado y proponiendo una mejor ocasión para hablar.

Cuando se necesita algo de otra persona, es preferible acudir directamente a su puesto de trabajo. Esto facilita retirarse en el momento oportuno, lo que no siempre ocurre cuando la interrupción se produce en nuestro propio espacio. Además, suele permitir una gestión más eficiente, ya que la información estará más fácilmente disponible.

Del mismo modo que exigimos respeto por nuestro tiempo, también debemos ser respetuosos con el tiempo de los demás. Antes de interrumpir a alguien, conviene preguntarse: ¿La interrupción es inoportuna para la otra persona? ¿El asunto es realmente urgente o puede esperar? ¿Sería mejor tratarlo en otro momento más adecuado?

Ahora bien, evitar todas las interrupciones y aislarse por completo no es una solución. El contacto cotidiano con otros miembros del equipo es importante para mantener una buena comunicación y fomentar un ambiente de colaboración. Lo ideal es encontrar un equilibrio: evitar interrupciones durante los períodos de mayor carga de trabajo y ser más flexible en momentos de menor exigencia.

Visitas no programadas

Al igual que ocurre con el teléfono, no siempre es posible evitar las visitas inesperadas, por muy ocupado que se esté. Algunas son inevitables y forman parte de la dinámica del entorno profesional. No obstante, al no estar previstas en la planificación del día, es recomendable comunicar al visitante, con asertividad y cortesía, el tiempo disponible para atenderle. Esta actitud permite mantener el control del propio tiempo sin descuidar la atención adecuada.

Siempre que sea posible, este tipo de visitas deben recibirse fuera del puesto de trabajo, por ejemplo, en la zona de recepción. Además, si la conversación puede mantenerse de pie, es más fácil limitar su duración de manera natural, sin necesidad de interrumpir bruscamente.

Dirección por crisis

La dirección por crisis, también conocida como «actitud de bombero» —actuar constantemente apagando fuegos—, es más común de lo que solemos reconocer. Esta forma de trabajar implica abandonar de inmediato la actividad planificada para abordar una tarea que, aparentemente, resulta urgente e imprescindible, relegando todo lo demás a un segundo plano.

Esta situación afecta a los profesionales del secretariado de dos formas: por decisiones o emociones del superior jerárquico, con frases como: «Deja todo lo que estás haciendo...»; y por iniciativa propia, cuando actuamos sin reflexión, interrumpiendo nuestras tareas y objetivos para resolver asuntos puntuales que, en muchos casos, carecen de verdadera importancia.

A esta forma de gestión se suma otro factor cada vez más relevante: el «ladrón del tiempo tecnológico». Entre sus principales manifestaciones se encuentran las notificaciones constantes del correo electrónico (es recomendable desactivar los avisos y programar momentos específicos para su consulta), las interrupciones de mensajería instantánea, como WhatsApp (usar el modo avión o silenciar notificaciones puede ser útil), y el uso incontrolado de redes sociales, que interrumpe la concentración y consume más tiempo del que se percibe.

La clave para combatir este tipo de gestión caótica está en recuperar el control del tiempo, priorizar con criterio y mantener una actitud proactiva en lugar de reactiva.

6.4. LA MULTITAREA

La multitarea se produce cuando una persona —o un equipo de trabajo— intenta realizar dos tareas de forma simultánea, alternar entre varias tareas, o ejecutar múltiples actividades en rápida sucesión.

Aunque pueda parecer una forma eficaz de avanzar rápidamente, numerosos estudios demuestran que la multitarea reduce la eficiencia, incrementa los errores y afecta negativamente a la calidad del trabajo y a la salud mental.

Uno de sus principales efectos es el aumento del tiempo necesario para completar cada tarea. Al cambiar constantemente de una actividad a otra, el cerebro necesita reiniciarse y reorientarse, lo que provoca pérdida de concentración, fatiga mental y un menor rendimiento general, tanto en precisión como en creatividad.

Centrarse en una sola tarea a la vez permite trabajar con mayor profundidad, mantener la atención y obtener mejores resultados. Por tanto, una buena gestión del tiempo implica evitar la multitarea en la medida de lo posible y fomentar el trabajo en bloques o secuencias bien planificadas.

CAPÍTULO 7.
LAS REUNIONES Y SU ORGANIZACIÓN

Organizar una reunión implica planificar cuidadosamente cada detalle para garantizar que se desarrolle sin contratiempos y que todos los mensajes clave se transmitan con claridad. Esta planificación abarca la selección adecuada de participantes, la definición de objetivos concretos, la elección de materiales de apoyo, y la reserva de un espacio apropiado, ya sea presencial u online.

La gestión de reuniones es el proceso mediante el cual se coordina y ejecuta una reunión de forma eficiente, optimizando el tiempo disponible. Este proceso incluye acciones específicas antes, durante y después de la reunión, con el fin de que todo transcurra de forma ordenada y efectiva. Por ejemplo, se elabora una agenda, se delimitan los temas a tratar y se asignan responsables para las tareas pendientes.

Cuando las reuniones están bien gestionadas, son eficaces y productivas. Los participantes comprenden cuál el propósito de la convocatoria y cuentan con la información necesaria para asistir preparados. Esta preparación previa favorece la toma de decisiones, mejora la coordinación entre los asistentes y reduce la necesidad de convocar reuniones adicionales para resolver los mismos temas.

7.1. TIPOS DE REUNIÓN

A continuación, se enumeran algunos tipos de reunión a título orientativo, comunes tanto en el ámbito empresarial como institucional:

- Comisión. Es habitual en la Administración Pública y en el entorno empresarial delegar un cometido especifico y puntual a un grupo de personas expertas en la materia. Para ello, se constituye una comisión, encargada de analizar el asunto y emitir propuestas o tomar decisiones al respecto.

(continuación...)

- Comité. Se trata de un grupo de trabajo que, conforme a las normas internas de una organización, institución o entidad, tiene competencias definidas. Un ejemplo representativo dentro de la estructura empresarial es el comité de dirección, formado por el ejecutivo de mayor rango jerárquico (presidente, CEO, director general o consejero delegado) y los directores de las distintas áreas funcionales (financiera, producción, comercial, etc.). Este comité es responsable de coordinar y tomar decisiones estratégicas para el funcionamiento de la empresa.
- Consejo de Administración. A estas reuniones asisten los consejeros de la empresa, nombrados por los accionistas. Son convocadas por el presidente o el secretario del consejo, y su periodicidad y responsabilidad están determinadas por los estatutos de la compañía. Se trata de reuniones formales y periódicas, generalmente asociadas a grandes empresas, aunque su uso no se limita exclusivamente a ellas.
- Lluvia de ideas o *brainstorming*. Es uno de los métodos creativos más conocidos y utilizados tanto en empresas como en el ámbito académico. Su creador, Alex F. Osborn, publicista y teórico de la creatividad, desarrolló este formato para fomentar el flujo libre de ideas. El procedimiento es sencillo: un grupo reducido que se reúne para expresar, sin censura, cualquier idea sobre un tema específico, ya sea lógica o ilógica, útil o inútil. Posteriormente, se analizan las ideas recogidas y se identifican posibles soluciones innovadoras.
- Mesa redonda o foro de debate. Aunque no se trata estrictamente de una reunión de trabajo, se incluye por su utilidad en la generación de nuevas perspectivas. En este tipo de encuentros no se buscan decisiones concretas, sino tendencias, ideas generales y puntos de vista diversos sobre un tema determinado.

(continuación...)

- Taller o *workshop*. Es un formato participativo que permite el intercambio de información y experiencias entre los asistentes. Normalmente, se trata de un grupo reducido se reúne para debatir cuestiones específicas, proponer soluciones y resolver problemas concretos.

Cualquiera de estos tipos de reunión puede clasificarse, a su vez, en función de su composición: interna, externa o mixta.

7.1.1. Estructura de las reuniones

Según su estructura, las reuniones pueden clasificarse en las siguientes categorías:

1

Reuniones formales. Son aquellas que siguen un procedimiento establecido, se desarrollan bajo la dirección de una presidencia y cuentan con un orden del día previamente definido. Al finalizar, se levanta un acta que deja constancia de los temas tratados y de los acuerdos alcanzados. Suelen tener objetivos concretos y resultados claramente definidos.

2

Reuniones informales. Carecen, en general, de estructura. No existe una presidencia clara ni un orden del día, y raramente se elabora un documento interno que registre lo tratado. Como resultado, sus conclusiones suelen ser confusas, poco útiles o directamente inexistentes.

3

Reuniones periódicas. Se celebran con una frecuencia establecida (semanal, mensual, trimestral, etc.), y su objetivo es dar seguimiento al trabajo habitual, revisar avances, detectar incidencias o coordinar acciones de forma continuada.

4

Reuniones extraordinarias. Surgen como respuesta a un hecho imprevisto o urgente que requiere ser tratado fuera de la planificación habitual. Su convocatoria y desarrollo suelen tener un carácter excepcional.

Es importante destacar que las reuniones informales tienden a ser poco eficaces, especialmente cuando no existe una preparación mínima o no se orientan a la toma de decisiones. Asimismo, conviene reflexionar sobre la utilidad de algunas reuniones periódicas que, en ausencia de asuntos relevantes o novedades que tratar, pueden responder más a la rutina que a una necesidad real, fenómeno que se conoce comúnmente como «reunionitis».

7.2. CLAVES PARA ORGANIZAR REUNIONES

Algunos aspectos son comunes a todo tipo de reunión, mientras que otros dependen de la naturaleza específica de cada encuentro. A continuación, se abordan los elementos comunes a toda reunión eficaz.

Todas las reuniones requieren la consideración de dos tipos de elementos: prácticos y sociales.

Los requisitos prácticos están directamente relacionados con la logística y pueden resumirse en los siguientes puntos:

- Convocatoria de los participantes.
- Preparación del lugar de la reunión (presencial u online).
- Preparación del material necesario (documentos, medios técnicos, presentaciones, etc.).

Los requisitos sociales están vinculados a la comunicación interpersonal, el protocolo profesional y la etiqueta empresarial. La forma en que se interactúa, se presenta la información y se gestiona el entorno influye en el desarrollo y eficacia de la reunión.

Como en cualquier tarea, lo más importante al organizar una reunión es conocer con claridad su objetivo. A partir de este, se podrá determinar el tipo de reunión, su estructura y la planificación adecuada.

Aunque pueda parecer reiterativo, las competencias personales juegan un papel esencial en la organización de reuniones. Entre las más importantes destacan:

- Habilidades de comunicación. Es fundamental que exista una comunicación clara y fluida, especialmente entre el/la directivo/a y el profesional del secretariado.
- Autoconocimiento. Las personas que se conocen a sí mismas identifican sus fortalezas y debilidades, y saben qué técnicas dominan mejor.
- Capacidad para el trabajo en equipo. La organización de reuniones suele implicar la coordinación con otros departamentos o personas, por lo que esta capacidad es indispensable.

(continuación...)

- Resiliencia. En todo proceso de organización surgen imprevistos. Las personas resilientes son capaces de adaptarse, aprender de los errores y mantener una actitud positiva ante los contratiempos.

> *Los obstáculos no tienen que detenerte.*
> *Si te encuentras con un muro, no te des la vuelta*
> *ni te rindas. Averigua cómo escalarlo,*
> *atravesarlo o rodearlo.*
> Michael Jordan

- Habilidades para la resolución de conflictos. Durante la organización de una reunión pueden surgir tensiones o desacuerdos. Afrontarlos con creatividad, flexibilidad y diplomacia evita que interfieran en el desarrollo de la tarea.

Generalmente, conocer el objetivo de la reunión permite, en la mayoría de los casos, deducir su tipo. Por ejemplo, si el propósito es resolver un conflicto, probablemente se tratará de una reunión extraordinaria.

Además, es imprescindible disponer con antelación de cierta información básica: fecha prevista de celebración, número e identidad de los asistentes y lugar o plataforma donde se celebrará la reunión. Contar con estos datos desde el inicio permite planificar con precisión, prever todos los detalles y evitar imprevistos, asegurando así una reunión organizada, eficaz y profesional.

7.2.1. Convocatoria y acta

La convocatoria es el medio por el cual se invita formalmente a los participantes a una reunión. Debe ser emitida por la persona que convoca el encuentro y se considera formal cuando cumple con ciertos requisitos:

1. Se realiza por escrito, independientemente del medio utilizado para su envío (habitualmente por correo electrónico), salvo en casos donde se exija remitirla, por motivos jurídicos o institucionales, su remisión por correo postal.
2. Contiene los datos básicos: lugar, fecha y hora de la reunión.
3. Contiene el orden del día o agenda, es decir, la relación de los temas que se abordarán durante la sesión.

En las reuniones informales, la convocatoria no suele hacerse por escrito. Esto provoca que los asistentes no dispongan de información clara sobre el propósito del encuentro, lo que suele derivar en reuniones poco eficaces o directamente improductivas.

No obstante, en situaciones de urgencia o cuando el tiempo lo exige, puede convocarse una reunión de forma verbal, ya sea por teléfono o personalmente. En estos casos, y para compensar la falta de información previa, es recomendable entregar el orden del día justo antes de comenzar la reunión.

Dado que los directivos suelen tener agendas muy ocupadas, concertar una reunión con todas las personas clave puede resultar complicado. Para evitar cambios de fecha o ausencias imprevistas, es aconsejable contactar previamente con las secretarías de todos los participantes y verificar su disponibilidad en la fecha propuesta. Esto permite reservar el espacio correspondiente en sus agendas antes de enviar la convocatoria formal.

Aun así, en algunas circunstancias, será necesario buscar soluciones creativas para garantizar la asistencia de todos los implicados y asegurar el éxito de la reunión.

Si bien la convocatoria es esencial para preparar la reunión, el acta es igualmente fundamental para consolidar sus resultados. El acta es el documento que recoge de forma clara y estructurada los temas tratados, las decisiones adoptadas (si las hay), los acuerdos alcanzados, y/o las tareas o compromisos asignados, junto con los responsables y plazos.

El acta garantiza la trazabilidad del trabajo realizado en la reunión, evita malentendidos posteriores y permite dar seguimiento a las acciones acordadas. Su correcta redacción y distribución oportuna son clave para cerrar con éxito cualquier encuentro profesional.

Caso práctico

Casilda, «la optimista», tiene que organizar una reunión delicada

El presidente de la compañía solicita a Casilda que organice una reunión con la alta dirección de una empresa extranjera, con la que compiten por una oferta pública. El presidente desea que la reunión se celebre, como muy tarde, el próximo jueves. Solo quedan seis días.

Como primera acción, Casilda se pone en contacto con la asistente del presidente de la otra empresa y propone una reunión para ese jueves, con la participación de ambos presidentes y los directores de las áreas técnicas y financieras de ambas organizaciones. Sin embargo, su colega le responde que es imposible: sus jefes estarán fuera. Casilda propone entonces el miércoles como alternativa, pero nuevamente no es viable.

(continuación...)

Todo parece complicado, pero Casilda es una mujer de recursos. No se rinde fácilmente: insiste, negocia y se adapta. Los obstáculos no la detienen.

Finalmente, la asistente de la empresa competidora plantea una propuesta que, si bien no cumple exactamente con lo solicitado por el presidente, representa una alternativa viable: una cena el jueves, a la que asistirán los dos presidentes y los directores financieros. Dado que el responsable técnico estará ausente, sería sustituido por el director de desarrollo.

Al menos Casilda ya tiene una fecha y una hora. Ahora debe «vender» esta propuesta a su presidente, quién, en principio, se muestra reacio: deseaba una reunión formal y, a ser posible, en su propio despacho.

Lejos de presentar a opción como «el mal menor», Casilda expone el plan de forma positiva. Argumenta que, al celebrarse en un «terreno neutral» y alejados del entorno habitual de trabajo, puede generarse un ambiente más distendido, lo que favorecería la negociación en lugar de dificultarla.

El presidente, tras escuchar sus argumentos, acepta la propuesta, aunque con algunas condiciones:

- La cena celebrarse en un salón privado de un restaurante.
- Asistirá también el asesor jurídico de la compañía.
- Casilda y su colega acuerdan todos los detalles y visitan personalmente el salón reservado. Se establece que el único punto del orden del día será la oferta pública; cualquier otro asunto se aplazará.

Por parte de ambas empresas asistirán los presidentes, los directores financieros, el director de desarrollo (en sustitución del técnico) y los asesores jurídicos. Dado el carácter informal que se ha querido dar al encuentro, no se emitirá convocatoria ni orden del día por escrito.

(continuación...)

Comentario

Casilda ha mostrado diplomacia, resiliencia y habilidades de negociación. No rindió en ningún momento y mostró una gran capacidad de adaptación ante las dificultades. Además, logró fortalecer la relación con su colega, lo que puede convertirse en una valiosa ventaja estratégica en el futuro.

7.2.2. Aspectos logísticos

Toda reunión requiere una preparación logística cuidadosa, que puede incluir reserva de la sala, el equipamiento audiovisual, el servicio de *catering*, entre otros detalles. En este ámbito, el papel del secretariado es especialmente relevante, ya que, salvo excepciones, recae sobre esta figura la responsabilidad de organizar y coordinar estos aspectos.

Entre las tareas que suelen estar a cargo del profesional de secretariado, destacan algunas que pueden parecer menores, pero son determinantes para el buen desarrollo de la reunión:

Disposición de la sala según el tipo de reunión

La distribución del espacio y del mobiliario debe adaptarse a los objetivos de la reunión y al tipo de interacción que se desea fomentar. A continuación, se describen las configuraciones más comunes:

- **Mesa redonda**. Ideal para reuniones pequeñas o para grupos grandes que comparten intereses similares. Esta disposición favorece la comunicación directa, ya que todos los participantes pueden verse las caras y prestar atención mutua. La ventaja es que fomenta el diálogo abierto y horizontal, pero el inconveniente es que limita el espacio individual y puede resultar incómoda si los asistentes son muchos.
- **Mesa cuadrada**. Permite ubicar el mismo número de personas en cada lado, lo que aporta una disposición simétrica y ordenada. La ventaja es que forma una estructura visualmente equilibrada, pero reduce la interacción entre todos los asistentes, ya que quienes se sientan en lados opuestos tienen contacto visual limitado.
- **Mesa rectangular o imperial**. Es la más común en reuniones corporativas. Permite sentar a los participantes a ambos lados y reservar las cabeceras para la presidencia o figuras relevantes. Esto facilita el liderazgo visible y el contacto visual directo entre la presidencia y el resto, pero puede crear una jerarquía implícita entre los asistentes.

La elección adecuada de la disposición no solo influye en la comodidad, sino también en la dinámica, el tono y la eficacia de la reunión.

7.2.2.1. Medios audiovisuales

En la actualidad, la oferta de medios audiovisuales es tan amplia que, en ocasiones, el principal reto consiste en elegir la opción más adecuada para cada tipo de reunión. En algunas situaciones, basta con una pizarra de papel y un proyector básico, mientras que en otras puede resultar imprescindible contar con un despliegue más avanzado de recursos tecnológicos, como pantallas interactivas, sistemas de videoconferencia, micrófonos ambientales o herramientas colaborativas en línea.

La elección de los medios debe responder tanto a las necesidades específicas de la reunión como a la disponibilidad real del equipamiento. Aunque es posible alquilar dispositivos profesionales si se requiere, en muchas ocasiones esto no es factible, ya sea por cuestiones logísticas, presupuestarias o de tiempo. En esos casos, habrá que adaptarse al equipamiento disponible en la empresa.

Por ello, uno de los aspectos clave en la planificación de una reunión es verificar con antelación qué medios están disponibles, comprobar su funcionamiento y, si es necesario, proponer soluciones alternativas realistas sin comprometer la eficacia de la reunión.

7.2.2.2. *Catering*

En este apartado se abordan exclusivamente los aspectos relacionados con el *catering* en reuniones de trabajo, dejando para el capítulo dedicado a los eventos todo lo relativo a banquetes, almuerzos formales, cócteles, etc.

En una reunión profesional, lo más habitual y apropiado es ofrecer café, infusiones y agua. Si es costumbre en la empresa, se debe disponer lo necesario para que los asistentes puedan servirse libremente. A falta de un procedimiento específico, resulta muy práctico preparar una bandeja con todo lo necesario en un mueble auxiliar dentro de la sala, de forma ordenada y accesible.

Además, sobre la mesa de reuniones, frente a cada participante, se recomienda colocar vasos y botellas de agua (preferiblemente individuales). También es común disponer de cuencos con caramelos o pequeños dulces, siempre que no interfieran con el desarrollo de la reunión.

En ciertas ocasiones, debido a la falta de tiempo u otros motivos, es necesario servir un almuerzo durante la propia reunión. En estos casos, y por razones prácticas, se debe optar por un formato ligero e informal, como un tentempié o refrigerio. Lo más recomendable es preparar un bufé sencillo, con alimentos que no requieran cubiertos o manipulación compleja: pequeños bocadillos, sándwiches, emparedados, zumos y refrescos. El objetivo es ofrecer una opción funcional y discreta que no entorpezca el ritmo de la reunión ni afecte a su concentración.

7.2.2.3. Documentación asociada a las reuniones

En determinadas reuniones formales, es habitual colocar en cada uno de los puestos una tarjeta identificativa con el nombre del asistente. Esto permite ubicarlos según el protocolo o siguiendo las indicaciones del organizador, lo que en ocasiones puede representar incluso una ventaja estratégica.

En cuanto al material necesario, cada participante debe contar en la mesa con una carpeta que incluya: folios o papel para notas, el orden del día, el acta de la reunión anterior (si corresponde), aunque se haya enviado previamente por correo electrónico, es recomendable entregar copias impresas. También documentación relacionada con los temas a tratar y un bolígrafo o lápiz.

Tal como se ha señalado anteriormente, lo ideal es que los documentos clave se envíen con antelación, para que los asistentes puedan revisarlos previamente y acudir preparados. No obstante, esto no siempre es posible. En ciertos casos, la documentación debe entregarse durante la propia reunión, ya sea porque:

- Los documentos no están disponibles hasta el último momento.
- Existen razones estratégicas o tácticas que aconsejan no difundir la información antes del encuentro.

Además de preparar el material, la persona encargada de la organización deberá asumir, si procede, otras responsabilidades clave para garantizar el éxito de la reunión:

- Colaborar estrechamente con su director o directora para asegurar que los acuerdos adoptados se cumplan.
- Remitir la documentación a quienes hayan excusado su asistencia.
- Redactar el acta, si esta función le ha sido asignada, o colaborar con quien deba hacerlo.
- Supervisar la preparación del material adicional que se necesite durante la reunión.
- Revisar y comprobar el funcionamiento de las herramientas tecnológicas, como proyector, pantalla, micrófono, conexión a internet o equipos de videoconferencia, si es necesario.

7.2.3. Comunicación y protocolo

Aunque los temas de comunicación y protocolo se abordarán con mayor profundidad en capítulos posteriores, en este apartado se analizan algunos aspectos directamente relacionados con las reuniones de trabajo.

Además de la comunicación que se produce la propia reunión —en la que el personal de secretariado suele tener un papel secundario—, existe lo que podríamos denominar «comunicación ambiental», en la que sí participamos activamente.

La comunicación ambiental hace referencia al tono general que el convocante desea dar a la reunión. La labor del personal de secretariado consiste en crear las condiciones necesarias para que la reunión se desarrolle de forma fluida y sin interrupciones innecesarias. Para ello, como en toda actividad comunicativa, resulta fundamental conocer al auditorio. Aunque no siempre se puede contar con información detallada de todos los asistentes, se debe procurar reunir la mayor cantidad de tatos posible para anticiparse a sus necesidades y facilitar la interacción.

La comunicación está íntimamente ligada al protocolo o etiqueta empresarial, ya que ambos elementos contribuyen a generar un clima profesional, respetuoso y fluido.

Cuando los asistentes a la reunión no pertenecen a la empresa —por ejemplo, si son clientes, proveedores o posibles socios—, corresponde al personal de secretariado recibirlos adecuadamente. Es importante tener presente que «Nunca una segunda oportunidad para causar una excelente primera impresión». En estos casos, se debe seguir algunas pautas básicas de protocolo profesional:

- Salir a recibir al invitado en el punto acordado (recepción, entrada, etc.).
- Si no se ha producido una presentación previa en otro contexto, presentarse indicando nombre y apellidos, ofreciendo un saludo firme y cordial con un apretón de manos, acompañado de contacto visual directo, ya que este gesto transmite confianza y cortesía.
- A continuación, acompañar al invitado hasta la sala de reuniones, cediéndole el lado derecho, como indica la norma de cortesía.

En las reuniones informales no es necesario aplicar normas estrictas de etiqueta empresarial. Sin embargo, en el caso de reuniones formales —como las del Consejo de Administración—, sí resulta imprescindible prestar atención al protocolo.

Por ejemplo, salvo que el presidente indique lo contrario, la mesa del consejo debe organizarse según el orden de precedencias:

- El presidente ocupa la cabecera.
- A su izquierda, se sitúa el secretario del consejo.
- A su derecha, el consejero de mayor rango (quien represente el mayor número de acciones o, en su defecto, el consejero de mayor edad).
- El resto de los consejeros se distribuyen a la derecha del de mayor rango, siguiendo el orden establecido.

Este esquema es orientativo y debe aplicarse con flexibilidad, adaptándose a las circunstancias concretas de cada reunión.

Para facilitar la ubicación de los asistentes, es recomendable colocar tarjetas identificativas delante de cada puesto, sobre el dossier con la documentación correspondiente. Por razones obvias, no es necesario identificar la presidencia, ya que su posición es evidente por protocolo y función.

7.3. LA «REUNIONITIS»

En el entorno empresarial, es habitual que cuanto más alto sea el cargo de un directivo, mayor sea el número de horas que dedica a reuniones. En algunos casos, esta situación ha dado lugar a lo que se conoce como «reunionitis», un fenómeno cada vez más extendido en las organizaciones.

La «reunionitis» se define como la proliferación excesiva de reuniones que no son ni imprescindibles ni útiles, lo que conlleva pérdida de tiempo, disminución de la productividad y costes directos e indirectos asociados. Entre sus consecuencias destacan:

- El coste de oportunidad, es decir, el tiempo que podría haberse dedicado a tareas más valiosas.
- La percepción negativa por parte del equipo, que llega a considerar las reuniones como innecesarias o improductivas.
- La desmotivación y el deterioro del rendimiento individual y colectivo.

Muchos directivos convocan reuniones sin una justificación clara, en cualquier momento y con poca antelación, sin tener en cuenta que estas interrupciones entorpecen la dinámica del trabajo y consumen el recurso más valioso: el tiempo de las personas.

Ante esta situación, cada vez más organizaciones adoptan medidas alternativas para evitar la dependencia excesiva de las reuniones presenciales.

7.3.1. Alternativas a las reuniones presenciales

Con estas medidas se permiten evitar desplazamientos innecesarios, con el fin de ahorrar tiempo y costes. Entre las principales alternativas a las reuniones presenciales se encuentran:

- **Multiconferencia** (*conference call*). Consiste en una comunicación telefónica simultánea entre más de dos personas. Este servicio permite reunir en una misma llamada a decenas de participantes, sin necesidad de contar con equipamiento técnico adicional. Es una solución eficaz para reuniones breves, seguimientos periódicos o toma de decisiones inmediatas, especialmente cuando los participantes se encuentran en ubicaciones geográficas diferentes.

(continuación...)

- **Videoconferencia.** Es un sistema interactivo que permite a varios usuarios mantener una conversación virtual mediante la transmisión en tiempo real de imagen, sonido y texto a través de Internet. La videoconferencia se utiliza habitualmente en reuniones entre equipos ubicados en diferentes sedes, así como en formaciones, presentaciones, demostraciones de productos o negociaciones a distancia. Este tipo de tecnología favorece la comunicación no verbal, permite compartir documentos y pantallas, y ofrece una experiencia más cercana que la multiconferencia telefónica.

Ambas soluciones son opciones válidas para optimizar el tiempo de trabajo, reducir costes y mejorar la sostenibilidad organizativa, siempre que se utilicen de forma planificada y con una finalidad clara.

7.3.2. Antídotos a la «reunionitis»

El verdadero antídoto contra la «reunionitis» es, sin duda, una buena organización y planificación, fundamentada en principios claros que permitan valorar cuándo es realmente necesario convocar una reunión.

Existen dos errores clave que convierten una reunión en una muestra de ineficacia: convocar una reunión sin que sea imprescindible, y celebrarla sin una preparación adecuada.

Evitar estos errores no es una tarea compleja. Se trata de reflexionar antes de convocar, preguntarse si la reunión generará valor real (más allá del económico) y considerar otras alternativas si el objetivo puede alcanzarse por otros medios eficientes.

7.4. REUNIONES EFICACES

Aunque es cierto que, en muchas ocasiones, las reuniones se han convertido en una excusa recurrente —y que algunos directivos parecen vivir exclusivamente para ellas—, no cabe duda de que, cuando están bien organizadas, constituyen una herramienta de trabajo poderosa y necesaria.

Las reuniones eficaces son fundamentales para:

- Dirigir y motivar a los colaboradores, siendo un factor decisivo en el cumplimiento de los objetivos de la organización.
- Coordinar funciones, procesos y equipos de trabajo.
- Tomar decisiones que requieran la participación de varios miembros de la empresa o institución.

En las últimas décadas, la frecuencia e importancia de las reuniones ha aumentado debido a factores como:

- La necesidad de una mayor comunicación interna.
- El mayor nivel de profesionalización de los directivos, tanto en grandes empresas como en pymes.
- La creciente complejidad del proceso de dirección, derivada, entre otros motivos, de la evolución tecnológica.
- La tendencia hacia una mayor participación de los empleados en la toma de decisiones.

Estos factores están interrelacionados. Por un lado, el aumento en el nivel de formación y comunicación entre los miembros de la organización favorece entornos más participativos. Por otro, la complejidad del entorno económico y tecnológico obliga a buscar ideas innovadoras dentro de la propia empresa, lo que impulsa la participación transversal de empleados de distintos niveles jerárquicos.

Independientemente del grado de formalidad, para que una reunión sea eficaz y no se convierta en una simple charla, deben cumplirse ciertos requisitos:

- Debe existir un objetivo claro.
- Debe haber participación activa de los asistentes.
- La reunión debe generar acciones concretas como resultado.
- Deben establecerse normas básicas de funcionamiento, aunque no sean formales.

En definitiva, las reuniones se celebran para lograr un objetivo específico, que debe materializarse en resultados medibles. Para que sean eficientes, dichos resultados deben justificar los recursos invertidos, como el tiempo, el coste y el esfuerzo.

> *Establecer una meta o un propósito central claro*
> *es el punto de partida hacia el éxito.*
> Brian Tracy

7.4.1. ¿Para qué se organiza una reunión?

Los motivos que impulsan la organización de una reunión son muy variados y, aunque no siempre es sencillo clasificarlos, suelen estar relacionados con alguno de los siguientes objetivos principales:

1 Informar

El objetivo de estas reuniones es transferir información desde quien convoca hacia los asistentes. Un ejemplo típico es una reunión convocada para comunicar una reorganización interna en la empresa o una nueva política corporativa.

2 Recoger información

Estas reuniones tienen como finalidad obtener datos, opiniones o percepciones por parte de los asistentes, para que quién convoca pueda formarse un criterio o tomar decisiones con base sólida. Un ejemplo sería una reunión para evaluar el clima laboral o para recabar sugerencias de mejora.

3 Intercambiar puntos de vista

Aunque no se trata propiamente de una reunión de trabajo orientada a la acción, este tipo de encuentros permiten confrontar ideas y conocer diferentes posturas. Ejemplos representativos son las mesas redondas o foros de debate, similares a las tertulias televisivas, donde no se busca un resultado concreto, sino la exposición de diversas opiniones, incluso contradictorias.

4 Resolver conflictos

Este tipo de reunión se convoca cuando existe un desacuerdo entre las partes. El objetivo es negociar y encontrar una solución aceptable para todos los implicados. Un ejemplo claro sería una reunión entre representantes empresariales y sindicales para negociar la resolución de un conflicto colectivo.

5 Generar ideas (*brainstorming*)

Son las conocidas «reuniones creativas», en las que se aplican técnicas específicas para fomentar la generación libre de ideas. Suelen convocarse ante el lanzamiento de un nuevo producto, el desarrollo de una campaña o en situaciones críticas que requieran soluciones innovadoras.

6 Revisar el avance de un proyecto

Este tipo de reunión tiene un enfoque práctico y de seguimiento. Se analiza el estado actual del proyecto, se evalúan posibles desviaciones y, si es necesario, se plantean acciones correctoras. Son fundamentales en la gestión de proyectos y en equipos multidisciplinares.

Tomar decisiones

En estas reuniones, los participantes cuentan con la información necesaria para deliberar y decidir sobre temas estratégicos u operativos. Un ejemplo claro es una reunión del Consejo de Administración, donde los consejeros deben adoptar decisiones clave para el futuro de la organización.

Los motivos mencionados anteriormente definen el objetivo de la reunión, el cual debe quedar reflejado de forma clara en la agenda u orden del día, para orientar la participación y estructurar el desarrollo del encuentro.

7.4.2. Fases de la organización

La organización de una reunión se desarrolla en tres fases principales, estrechamente ligadas al momento en que ocurren.

1 Pre-reunión

Es la fase en la que el profesional del secretariado desempeña un papel más activo y esencial. Entre sus responsabilidades se encuentran: elaborar y enviar la convocatoria, indicando claramente la fecha y hora de inicio y finalización; el lugar de celebración; la lista de asistentes; y el orden del día, que debe estar alineado con el objetivo principal de la reunión y sirve como base para preparar la documentación correspondiente.

También debe confirmar la asistencia de los participantes tras el envío de la convocatoria. Además, es necesario revisar la sala y verificar la climatización (calefacción o aire acondicionado), y el funcionamiento de los medios técnicos (proyector, pantalla, conexiones, micrófono, etc.).

Una preparación meticulosa en esta fase asegura que la reunión se desarrolle sin contratiempos logísticos ni interrupciones innecesarias.

2 Reunión

Cada vez es más habitual que el profesional del secretariado participe en la reunión, aunque todavía sucede menos de lo que sería deseable. En muchos casos, su intervención se limita a la toma de notas para la redacción posterior del acta.

Cuando no asiste presencialmente, debe estar disponible y atenta al desarrollo de la reunión para facilitar documentación o información adicional, resolver imprevistos logísticos o técnicos, o coordinar apoyos externos si se requieren.

3 Post-reunión

Una vez finalizada la reunión, el trabajo continúa, especialmente para el personal de secretariado. A cada parte involucrada le corresponde una función.

- Al convocante, dar seguimiento al cumplimiento de los acuerdos y acciones adoptadas.
- A los asistentes, aplicar o comunicar las decisiones tomadas.
- Al secretariado, coordinar tareas tanto operativas como estratégicas.

Entre las responsabilidades que corresponden al secretariado en esta fase, encontramos las tareas operativas y las tareas estratégicas.

1

Tareas operativas

- Recoger material (documentos, objetos olvidados).
- Revisar los equipos técnicos (desconexión de proyector, ordenador, verificación de dispositivos como pendrive, etc.).
- Asegurar que la sala quede preparada si va a ser utilizada de inmediato por otro grupo.

2

Tareas estratégicas

- Colaborar la dirección para asegurar el cumplimiento de los acuerdos adoptados.
- Remitir, si procede, documentación a quienes no pudieron asistir.
- Redactar el acta de la reunión o colaborar con la persona encargada de elaborarla.

Caso práctico

José Manuel, «el emprendedor», se reúne con sus clientes más importantes

La asistente de José Manuel, Carmen, está demostrando ser una profesional competente y eficiente. Al conocer el proyecto en el que está trabajando su jefe, muestra un gran interés y comienza a hacer preguntas clave: quiénes son los clientes, cuándo vendrán, cuánto tiempo permanecerán en la empresa, etc.

Aunque José Manuel se siente algo abrumado por tantas preguntas, responde con claridad:

- Son clientes daneses interesados en contratar un proyecto muy importante.
- Vendrán dentro de dos semanas.
- Desean visitar la empresa y conocer en detalle el planteamiento del proyecto
- Si todo transcurre satisfactoriamente, se cerrará el acuerdo.

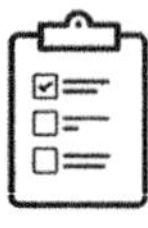

(continuación...)

Carmen, conocedora de las diferencias culturales, le comenta a su director que los daneses valoran la practicidad y la claridad, y que seguramente querrán centrarse directamente en los temas relacionados con el proyecto.

Propone organizar una reunión de dos horas, precedida por una breve visita a las instalaciones de 15 minutos. José Manuel muestra interés en disponer de más tiempo para la presentación del proyecto, por lo que Carmen sugiere elaborar una presentación breve de la empresa, y un documento con los hitos principales del proyecto, ambos redactados en inglés.

José Manuel está de acuerdo con la propuesta, aunque aún debe decidir si los documentos se enviarán adjuntos a la convocatoria o si se entregarán en mano durante la reunión. Indica que lo valorará.

Carmen comienza a preparar la convocatoria formal y el orden del día, aunque antes de enviarlos necesita la aprobación de su jefe. Paralelamente, comienza a traducir el documento del proyecto, y se dispone también a traducir la presentación de la empresa.

Dos días después, Carmen comienza a preocuparse porque no considera apropiado convocar con menos de 10 días de antelación, y así se lo comunica a José Manuel. Él aprueba finalmente el orden del día y decide que la presentación de la empresa se adjuntará a la convocatoria, y el documento del proyecto se entregará en mano durante la reunión.

Los asistentes confirmados, por parte de la empresa danesa, son tres representantes. Por parte de la empresa española acudirán José Manuel (director), el jefe del proyecto, el director financiero, y Carmen (asistente de dirección), quién además de levantar el acta, colaborará con la traducción e interpretación si es necesario.

Orden del día

10:00 - 10:15 → Visita a la empresa.

10:15 - 11:30 → Presentación de los hitos más relevantes del proyecto y del equipo responsable de su desarrollo.

(continuación...)

Comentario

Este caso pone de manifiesto la confianza que José Manuel ha depositado en Carmen, una confianza que ella se la ha ganado con creces. Ha actuado de forma proactiva, ha tomado la iniciativa en la organización de una reunión delicada y, además, ha demostrado sensibilidad hacia las diferencias culturales del encuentro. Su actitud y preparación han contribuido decisivamente a que la reunión tenga altas probabilidades de éxito.

CAPÍTULO 8.
ORGANIZACIÓN DE VIAJES

Los viajes de negocios presentan características muy diversas. En algunos casos, se planifican con suficiente antelación; en otros, deben organizarse de forma casi inmediata. En cualquier circunstancia, el profesional del secretariado debe anticiparse a posibles imprevistos, mantener la información actualizada y realizar comprobaciones meticulosas.

En toda labor organizativa, conviene recordar la ley de Murphy: si algo puede salir mal, probablemente saldrá mal. Por eso, so siempre la respuesta convencional es la más eficaz. Diseñar alternativas y contar siempre con un plan B —incluso un plan C o D— es más que recomendable: refleja proactividad y creatividad ante los desafíos.

8.1. ASPECTOS A CONSIDERAR

Una de las funciones más habituales del personal de secretaría o asistencia es la programación de los viajes de las personas a las que prestan apoyo. Esta tarea suele desarrollarse de forma autónoma, aunque siempre dentro del marco de las normas establecidas por la empresa. Lo habitual, tanto en grandes corporaciones como en pequeñas y medianas empresas, es que cada directivo delegue en su secretaria o asistente la organización de sus desplazamientos profesionales, que puede incluir:

- Elaboración de la agenda del viaje.
- Reserva de vuelos o trenes.
- Reserva de alojamiento.
- Organización del transporte en el lugar de destino.
- Contratación de servicios de datos móviles si se viaja a países sin *roaming*.
- Solicitud de provisión de fondos, si es necesario.

En algunas organizaciones, la secretaria se encarga directamente de todas las gestiones; en otras, diseña el itinerario, selecciona trayectos, horarios y hoteles, y recopila la información necesaria, pero debe recurrir al departamento responsable de formalizar las reservas. En cualquier caso, es la secretaria o asistente quien se encarga de identificar las opciones más convenientes y solicitar los servicios pertinentes (pasajes, alojamiento, transportes, etc.).

Bajo criterios de economía y eficacia, las empresas tienden a optimizar el tiempo de los desplazamientos y a controlar el gasto, ajustándose a la política interna. Es frecuente que existan acuerdos con agencias de viajes, cadenas hoteleras o aerolíneas para obtener precios más ventajosos o descuentos por volumen.

Como se ha señalado, la planificación del viaje recae en la asistente, quién debe diseñar una agenda completa y coherente con los objetivos del desplazamiento y conforme a la normativa sobre viajes.

Además, es fundamental revisar cada detalle del itinerario y tener en cuenta aspectos que, aunque parezcan menores, pueden resultar decisivos para el éxito de la actividad:

- Cercanía del hotel a los lugares donde el directivo desarrollará su actividad.
- Idoneidad del medio de transporte elegido.
- Tiempos de traslado desde y hacia aeropuertos o estaciones.
- Tiempo de margen entre vuelos, en caso de conexiones.
- Necesidad de alquilar un vehículo.
- Entre otros.

A continuación, se presenta un esquema que resume los elementos clave en la organización de un viaje.

8.1.1. Viajes transoceánicos y *jet lag*

En los viajes transoceánicos, resulta fundamental tener en cuenta los cambios de huso horario, con el fin de facilitar, en la medida de lo posible, la adaptación del viajero y mitigar los efectos del denominado *jet lag*.

La duración del vuelo no determina la aparición del *jet lag*; su causa principal, aunque no exclusiva, es el cruce de varias zonas horarias. Este efecto suele agravarse en los vuelos hacia el este. Asimismo, el número de escalas también influye, ya que en cada aterrizaje se producen variaciones en la presión de la cabina, lo que incrementa la fatiga.

Medidas generales para reducir los efectos del *jet lag*

- Las personas que vayan a volar atravesando múltiples varias zonas horarias deben ser informadas sobre la posible aparición del *jet lag* y sus consecuencias.
- Es recomendable descansar antes del viaje y, en la medida de lo posible, durante el vuelo, incluyendo breves períodos de sueño.
- Beber abundante agua o zumos antes y durante el trayecto contribuye a una mejor hidratación. El consumo de cafeína aporta escasos beneficios si se utiliza para retrasar el sueño.
- Optar por comidas ligeras y reducir al mínimo el consumo de alcohol antes y durante el vuelo.
- Adaptarse cuanto antes al horario del destino —en lo relativo a comidas y horas de descanso—, preferiblemente comenzando dicha adaptación ya durante el vuelo.
- Una vez en destino, es aconsejable exponerse a la luz natural durante el día, visitando espacios abiertos. La luz del día es un potente regulador del reloj biológico. Además, realizar actividad física durante el día puede favorecer un mejor descanso nocturno.

(continuación...)

- Se recomienda evitar el uso de sustancias, medicamentos o pastillas para dormir, ya que pueden alterar el ciclo circadiano natural y agravar los síntomas del *jet lag*.

8.1.2. Aspectos relacionados con la salud

Una de las consecuencias de la globalización de la economía es, sin duda, la creciente movilidad geográfica en el mundo de los negocios. Los viajes internacionales a otras latitudes se han vuelto cotidianos, perdiendo su carácter inusual o aventurero. Sin embargo, precisamente esta normalización, es importante conocer los riesgos sanitarios que pueden presentase y adoptar las medidas preventivas adecuadas.

Para obtener información actualizada y fiable, se recomienda consultar los *Consejos y normas sanitarias para viajeros internacionales*, disponibles en la página web del Ministerio de Sanidad, Servicios Sociales e Igualdad.

Caso práctico

Teresa, «la funcionaria», organiza el viaje del director general y su equipo

El director general y parte de su equipo viajarán dentro de dos semanas a Latinoamérica. Durante su estancia, visitarán las sedes de sus homólogos en Lima, México D.F. y Caracas.

(continuación...)

Teresa se encarga de organizar el viaje, que tendrá una duración de doce días. Por motivos de agenda, el director general debe comenzar su itinerario en Lima, donde permanecerá cuatro días. A continuación, se trasladará a Caracas durante dos días, y finalizará su viaje en México D.F.

En los tres países que visitará el grupo es necesario disponer de una tarjeta SIM adicional, para garantizar la conectividad en todo momento. Teresa se ocupa de adquirir las tarjetas necesarias, asegurándose de que todos los miembros del equipo dispongan de datos móviles en Perú, Venezuela y México.

Tras consultar las condiciones sanitarias de las tres ciudades que visitará su jefe, Teresa ha elaborado el siguiente informe:

Informe sobre condiciones sanitarias y medidas de prevención

1

Condiciones sanitarias

Tanto en Caracas como en Lima y Ciudad de México, las condiciones sanitarias son, en general, buenas. No obstante, en Perú y Venezuela existe amenaza del virus Zika, por lo que se recomienda evitar las zonas pantanosas. Como medida general, se aconseja no consumir agua del grifo, con el fin de evitar posibles infecciones gastrointestinales.

(continuación...)

2

Medidas de prevención

Lima se encuentra a 150 metros sobre el nivel del mar, Caracas a 450 metros y Ciudad de México a 2.821 metros. En esta última ciudad, la altitud puede provocar una disminución del oxígeno disponible, lo que puede dar lugar al conocido «mal de altura».

Se recomienda evitar el ejercicio físico intenso, las comidas copiosas y el consumo de alcohol tras la llegada. Se sugiere realizar una dieta ligera, rica en líquidos e hidratos de carbono, para facilitar la aclimatación.

Comentario

La asistente ha recopilado la información sanitaria pertinente y la ha expuesto de forma breve y clara, de modo que los directivos conozcan las medidas que deben adoptar durante el viaje.

Además, ha organizado la agenda de forma agresiva en cuanto a la altitud de las ciudades, comenzando por Lima (próxima al nivel del mar), seguida de Caracas (450 m), y finalizando en la capital con mayor altitud y, por tanto, mayor riesgo sanitario en este aspecto: Ciudad de México.

8.1.3. Previsión de contingencias

Uno de los factores decisivos en la organización de viajes es la anticipación: prever las posibles contingencias. Si bien es cierto que, por muy eficiente que sea un profesional del secretariado, no posee cualidades adivinatorias, sí puede estar atento a ciertos detalles que faciliten la previsión de imprevistos, permitiendo así adelantarse a ellos y reducir su impacto.

Por ejemplo, tanto en viajes nacionales como internacionales, es importante tener en cuenta que en las grandes ciudades —a pesar de su amplia oferta hotelera— existen fechas punta en las que encontrar alojamiento resulta casi imposible. Por ello, conviene prever las festividades, ferias y congresos que se celebren en los destinos habituales, de manera que puedan gestionar con tiempo suficiente tanto las reservas de hotel como los pasajes si coinciden con alguno de estos eventos.

También resulta muy útil elaborar un perfil individualizado de cada uno de los viajeros para los que se gestionan los desplazamientos. Esta información permite anticiparse a sus necesidades y preferencias, y agilizar la organización. El perfil puede incluir, además de los datos básicos sobre entrega de billetes, bonos o localización en caso de urgencia, los siguientes elementos:

- Tipo de asiento: preferencias de ubicación (pasillo, ventanilla, etc.).
- Tipo de comida: vegetariana, baja en calorías, sin gluten, entre otras.
- Tarjetas: *Frequent Flyer*, tarjetas VIP, afiliaciones a hoteles o compañías de alquiler de coches.

Asimismo, es recomendable prever los pagos que los viajeros deberán realizar. No solo aquellos que se efectúen con tarjeta de crédito, sino también los gastos menores que deban abonarse en efectivo en la moneda local del país de destino.

8.2. VIAJES CORPORATIVOS: INDIVIDUALES O EN GRUPOS

El constante crecimiento y sofisticación de las políticas de ventas, marketing, promoción y relaciones públicas ha dado lugar a un tipo de viajes que, si bien comparten muchas características con los viajes corporativos tradicionales, en general —y salvo casos concretos— no pueden considerarse como viajes de negocios en sentido estricto.

Normalmente, no se trata de desplazamientos individuales, sino de viajes organizados para grupos más o menos numerosos, lo que implica necesidades logísticas y de planificación diferenciadas.

8.3. VIAJES DE INCENTIVOS

El ejemplo más representativo de este tipo de desplazamientos es el viaje de incentivos, aunque también se incluyen en esta categoría las visitas de clientes y prospectos, la asistencia a congresos, ferias y otros eventos similares.

Este tipo de viajes presenta particularidades que exigen un tratamiento específico y detallado:

- Aunque las empresas suelen tener acuerdos establecidos con agencias de viajes, cuando se trata de viajes en grupo conviene negociar condiciones especiales por separado, con el objetivo de obtener la mejor oferta posible.

(continuación...)

- Es necesario conciliar los requisitos y preferencias de un número elevado de personas, lo cual requiere una planificación meticulosa, atención a los detalles y capacidad de adaptación.

8.4. DIFERENCIAS CULTURALES Y PROTOCOLO

Las diferencias culturales desempeñan un papel fundamental en los negocios internacionales, ya que pueden darse variaciones —a veces sutiles, pero significativas— entre culturas. Estas diferencias deben ser comprendidas y gestionadas adecuadamente no solo por quienes viajan, sino también por sus asistentes.

En otras palabras, conocer otras culturas implica comprender cómo influyen las particularidades culturales de cada país en sus prácticas comerciales. Para ello, es necesario tener nociones sobre su estructura social, sistemas religiosos y éticos, idioma, nivel educativo y cultura laboral.

Tanto en la gestión de viajes internacionales como en la organización de reuniones y eventos, la comprensión de estas diferencias culturales es la clave para garantizar el éxito de las actividades empresariales.

A continuación, se exponen algunos datos orientativos sobre comportamientos generalizados en ciertos países con los que los empresarios españoles suelen mantener relaciones comerciales. Si bien es importante evitar caer en generalizaciones, esta información puede ofrecer pautas útiles a la hora de viajar o recibir visitantes internacionales.

Cabe aclarar que no se pretende ofrecer una guía exhaustiva ni establecer normas rígidas; simplemente, se trata de aportar referencias que pueden resultar valiosas en contextos interculturales, tanto durante desplazamientos al extranjero como en la atención a delegaciones extranjeras.

En los siguientes apartados se analizan algunas de las diferencias más significativas y evidentes en materia cultural y protocolaria.

8.4.1. Actitudes en la forma de establecer relaciones mercantiles

Las actitudes frente a la negociación varían considerablemente entre países. Por ejemplo, mientras que el negociador alemán suele acudir a las reuniones muy bien informado y espera la misma preparación por parte de la contraparte, en Brasil es habitual que una negociación requiera varios encuentros y más de un viaje antes de alcanzar unas condiciones satisfactorias para ambas partes.

8.4.1.1. China

En China, contar con un intérprete resulta imprescindible para captar las sutilezas del lenguaje, incluso cuando se ha acordado mantener las conversaciones en español o en inglés.

Los negociadores chinos se caracterizan por mostrar empatía tanto de forma verbal como no verbal. Cuando se sientan a la mesa de negociación, lo hacen en grupo. Uno de sus integrantes se encargará de expresar empatía verbalmente, mientras que otro lo hará mediante el lenguaje corporal. Por esta razón, conviene actuar en términos similares.

La persistencia y la tolerancia son rasgos habituales en su estilo negociador. No suelen modificar su postura con facilidad. Además, en la cultura china no se otorga el mismo valor al contrato escrito que en otras culturas; para ellos, alcanzar un acuerdo representa el inicio una relación comercial, que es lo verdaderamente importante.

8.4.1.2. Estados Unidos

En Estados Unidos, las negociaciones suelen desarrollarse con rapidez. El concepto de que «el tiempo es oro» se toma muy en serio. En ocasiones, los representantes estadounidenses intentarán cerrar un contrato —o al menos lograr un acuerdo verbal— en la primera reunión con un posible socio.

Tienden a interpretar que la persona del equipo extranjero que mejor domina el inglés es la más influyente o inteligente, lo que puede llevarlos a centrar su atención en el interlocutor equivocado.

Su enfoque en la negociación es marcadamente competitivo: esperan obtener un resultado claro que defina ganadores y perdedores. A veces, conciben la negociación como una confrontación, más que como una colaboración.

Para los estadounidenses, el contrato representa un acuerdo explícito y escrito, que debe cumplirse en cualquier circunstancia. De ahí su conocida expresión: *It's a deal* (un trato es un trato).

El estilo de negociación estadounidense se caracteriza por:

- Apreciar el uso de agendas (no se da paso a discusiones improvisadas ni a consensos espontáneos).
- Adoptar un enfoque negociador agresivo.
- Considerar aceptables las confrontaciones y desacuerdos como parte del proceso.
- Ajustarse rigurosamente a los horarios.
- Utilizar nombres propios con naturalidad.
- Valorar la privacidad y el espacio personal.
- No destacar por su habilidad en la interpretación del lenguaje no verbal.

8.4.1.3. Japón

En Japón, la cultura empresarial está fuertemente jerarquizada. Las decisiones son competencia exclusiva del directivo de mayor rango, por lo que resulta dirigir las negociaciones directamente con él y no con sus subalternos.

El respeto y la cortesía extrema son características ampliamente reconocidas en el comportamiento japonés, al punto de que rara vez expresan un «no» de forma directa en una negociación.

Una de las diferencias más relevantes entre el estilo japonés y otros estilos de negociación es la importancia que se otorga al estatus relacional. A nivel interpersonal, este estatus se determina por factores como la edad, el sexo, la educación o la ocupación. En el ámbito de los negocios, en cambio, está relacionado con el tamaño y prestigio de la empresa, la estructura del sector y, especialmente, con el rol que se ocupa (comprador o vendedor).

Los japoneses se sienten incómodos cuando las distinciones jerárquicas no están claramente definidas. En la negociación, no se establece una relación de igualdad entre las partes a nivel interpersonal, ya que el respeto al estatus forma parte esencial del proceso.

8.4.1.4. Países árabes

En el contexto árabe, por cortesía, las respuestas suelen ser afirmativas. Es poco frecuente que se rechace abiertamente una propuesta, lo que puede dar lugar a malentendidos si no se interpreta adecuadamente este rasgo cultural.

Los negociadores árabes cuentan con una larga tradición en el uso de las tácticas de negociación, desarrolladas durante más de dos mil años. A diferencia de los occidentales —que en general prefieren alcanzar «acuerdos rápidos»—, en esta parte del mundo no existe tal urgencia. De hecho, se considera que quién se apresura en cerrar un trato es quién más pierde.

En el ámbito profesional y laboral, la interacción entre hombres y mujeres ha empezado a aceptarse con cierta naturalidad en algunos entornos y niveles de negociación. Sin embargo, todavía es habitual que se prefiera la ausencia de mujeres en los equipos negociadores, especialmente en determinadas regiones o sectores más tradicionales.

8.4.1.5. Rusia

Tanto la sociedad rusa como su entorno empresarial presentan una estructura fuertemente jerarquizada. Por ello, es fundamental asegurarse de que en las reuniones esté presente un alto cargo, ya que las decisiones suelen recaer exclusivamente en las personas con mayor autoridad.

Al negociar con interlocutores rusos, es importante desarrollar una actitud paciente y previsora. Se recomienda confirmar la cita varias veces para evitar cancelaciones de última hora. Además, no es aconsejable concertar reuniones de negocios en lunes, ya que suelen ser días poco adecuados para encuentros formales.

La paciencia debe ser una cualidad básica en este contexto. Incluso si se logra fijar una reunión, es posible que el primer encuentro no resulte tan productivo como se espera. Sin embargo, esto es algo habitual: las primeras reuniones suelen tener un carácter introductorio, orientado a establecer contacto, generar confianza y evaluar el grado de interés real en iniciar relaciones comerciales.

8.5. PROBLEMAS USUALES EN LOS VIAJES: *CHECKLIST*

8.5.1. Retrasos, daños o pérdida de equipaje en los vuelos, enfermedad y otros

Existen circunstancias totalmente imprevisibles que pueden surgir en cualquier viaje, por muy bien planificado que esté. En muchos casos, estas situaciones pueden obligar a realizar cambios drásticos en la agenda prevista.

Uno de los incidentes más comunes —aunque relativamente leves— son los retrasos de vuelos. Aun siendo molestos, suelen tener solución, aunque pueden obligar a reprogramar reuniones, modificar itinerarios o incluso cancelar actividades ya agendadas.

Más graves resultan la pérdida, el retraso en la entrega o los daños en el equipaje, cuya responsabilidad recae sobre la compañía aérea. En cualquiera de estos casos, es imprescindible acudir al mostrador de la aerolínea con la que se ha viajado y rellenar el Parte de Irregularidad de Equipaje (P.I.R) lo antes posible.

Otra contingencia difícil de prever es la enfermedad durante el viaje. Ante imprevistos como problemas médicos, pérdida de equipaje o demoras en los medios de transporte, lo más recomendable es contar con un seguro de viaje.

Los seguros de viaje ofrecen cobertura frente a diversas incidencias, tales como anulación del viaje, pérdida o daños del equipaje, gastos médicos, responsabilidad civil y retrasos y otras eventualidades.

Disponer de este tipo de cobertura proporciona una mayor tranquilidad y permite actuar con rapidez y eficacia ante cualquier imprevisto.

Soporte tecnológico

- Redundancia de sistemas: es fundamental contar con copias de seguridad de todos los documentos y reservas relevantes.
- Conectividad: se recomienda gestionar el uso de eSIM o tarjetas virtuales para garantizar el acceso a datos móviles durante el viaje.

8.6. LA INTELIGENCIA ARTIFICIAL COMO HERRAMIENTA EN LA GESTIÓN DE VIAJES

La inteligencia artificial (IA) se ha convertido en una herramienta de gran valor para los asistentes de dirección, especialmente en la gestión y organización de viajes. Su capacidad para automatizar tareas, procesar grandes volúmenes de información y ofrecer soluciones personalizadas permite mejorar la eficiencia y reducir errores.

8.6.1 Gestión de reservas e itinerarios

- Gestión de reservas: la IA va más allá de los buscadores tradicionales o los portales de reservas. Gracias a sus algoritmos de búsqueda optimizados, permite ahorrar tiempo y minimizar errores. Además, cada resultado se basa en fuentes fiables, lo que garantiza una gestión precisa de las reservas.
- Itinerarios: la IA permite generar automáticamente itinerarios detallados y personalizados, adaptados a las preferencias del viajero, incluyendo vuelos, alojamiento, desplazamientos y actividades.

8.6.2. Personalización

- Recomendaciones: mediante el análisis de datos históricos y preferencias previas, la IA puede ofrecer recomendaciones personalizadas sobre destinos, alojamientos, medios de transporte y actividades.
- Ofertas: también es capaz de identificar y proponer ofertas adaptadas a las necesidades específicas del viajero, lo que contribuye a mejorar su experiencia y optimizar recursos.

8.6.3. Optimización de costes

- Comparación de precios: como se indicó en el apartado de gestión de reservas, la IA no solo simplifica las búsquedas, sino que compara precios en tiempo real y encuentra las mejores ofertas disponibles. Esto facilita el control de gastos y ayuda a ajustarse al presupuesto previsto, evitando desviaciones innecesarias.

8.6.4. Gestión de riesgos

- Monitoreo en tiempo real: la IA puede rastrear y analizar eventos globales —como desastres naturales, crisis políticas o alteraciones del tráfico aéreo— y emitir alertas ante posibles riesgos que afecten al viaje.
- Asistencia: también ofrece asistencia en tiempo real durante el desplazamiento, ayudando a anticipar y resolver contratiempos, y proporcionando soluciones inmediatas ante cambios o incidentes.

8.7. CONTINGENCIAS EN LAS QUE LA IA ES ÚTIL

Como ya se ha expuesto, en toda gestión de un viaje, la asistente de dirección vela por que todo se desarrolle de forma satisfactoria. Sin embargo, en caso de contingencias, la inteligencia artificial se convierte en una aliada clave, ofreciendo sugerencias y soluciones eficaces para resolver contratiempos como los que se detallan a continuación:

1

Cancelaciones y retrasos

- Plan de contingencia: disponer de un plan para afrontar cancelaciones de vuelos o retrasos, que incluya opciones de reprogramación, alternativas de transporte y búsqueda de alojamiento. La IA permite gestionar estas situaciones en tiempo real, con propuestas adaptadas al contexto.

2

Problemas de salud

- Acceso a atención médica: es fundamenta conocer los recursos sanitarios disponibles en el destino. La IA puede localizar centros médicos cercanos según la ubicación del directivo, proporcionando información inmediata en caso de emergencia.

3

Desastres naturales y crisis políticas

- Monitoreo constante: mediante herramientas de IA, es posibles hacer un seguimiento en tiempo real de la situación en el país de destino y recibir alertas tempranas ante posibles riesgos.
- Contacto con embajadas: además de facilitar la localización de la embajada más cercana, la IA puede asistir sino en la gestión de trámites necesarios en situaciones como evacuaciones o solicitudes de repatriación.

La integración de la inteligencia artificial en la gestión de viajes no solo mejora la eficiencia y la personalización, sino que también proporciona una capa adicional de seguridad y tranquilidad, tanto para los directivos durante sus desplazamientos como para sus asistentes, que obtienen una mayor sensación de control y capacidad de respuesta ante cualquier imprevisto.

CAPÍTULO 9.
GESTIÓN DE EVENTOS

La organización y gestión de eventos forma parte de las funciones clave de las asistentes ejecutivas, asistentes personales, *personal angels* y otros profesionales del ámbito del secretariado y la asistencia directiva. Estas figuras desempeñan un papel fundamental en la planificación, coordinación y ejecución de actividades que refuerzan la imagen de la compañía, y fomentan relaciones internas y externas.

En este capítulo se analiza el papel del profesional en el contexto de los eventos corporativos, así como las competencias necesarias para abordar con eficacia esta responsabilidad. Se profundiza en el concepto de evento, los distintos tipos existentes y su relevancia dentro de la vida organizacional. Asimismo, se exponen las principales diferencias y similitudes entre un evento y una reunión, lo que permitirá distinguir con claridad los enfoques, objetivos y niveles de preparación que cada uno requiere.

Además, se propone considerar la planificación de los grandes eventos corporativos como un auténtico proyecto, con sus fases, recursos, riesgos y objetivos definidos. Para ello, se detallan los puntos clave a tener en cuenta, así como las actividades imprescindibles para garantizar su éxito.

9.1. EL ROL DEL PROFESIONAL DEL SECRETARIADO EN LA ORGANIZACIÓN DE EVENTOS

Tanto las grandes corporaciones como las pymes, entidades públicas y financieras, asociaciones profesionales, centros educativos, fundaciones y muchas otras organizaciones celebran eventos de distinta naturaleza y envergadura, con objetivos diversos.

En este contexto, el rol de los profesionales del secretariado encargados de la organización de estos eventos es amplio y relevante, aunque condicionado, en muchos casos, por una limitación en la toma de decisiones estratégicas. Por ello, resulta fundamental que mantengan una comunicación fluida y puntual con el máximo responsable del acto, de modo que cada aspecto de la planificación se ajuste a los criterios, expectativas y objetivos definidos por la dirección de la entidad.

Estos profesionales participan activamente en todo el proceso. En eventos de tamaño reducido o mediano, asumen de forma integral la ejecución del proyecto. En cambio, en grandes eventos corporativos —donde la magnitud y complejidad hacen inviable que una sola persona asuma la totalidad de la organización— las secretarias y asistentes de dirección desempeñan un papel central dentro de equipos multidisciplinares.

Estos equipos de trabajo suelen estar integrados —o así debería ser— por profesionales de distintas disciplinas, departamentos y niveles jerárquicos dentro de la organización. En muchas ocasiones, también se incorporan colaboradores externos, que pueden ser proveedores de servicios o expertos contratados para funciones concretas. La coordinación del equipo recae en un responsable del proyecto, quien distribuye competencias específicas entre los distintos miembros en función de sus perfiles y capacidades.

La contribución de los profesionales del secretariado es crucial. El éxito o fracaso de un evento depende, en gran medida, de sus habilidades organizativas, de su conocimiento profundo de la cultura empresarial y de su capacidad para coordinar personas, recursos y tiempos con eficacia.

A continuación, se detallan las competencias y características que convierten a estos profesionales en perfiles especialmente valiosos para la gestión y ejecución de eventos corporativos:

1 Habilidades para el trabajo en equipo

Las asistentes forman parte activa del equipo organizador, por lo que deben contar con sólidas competencias en trabajo colaborativo, actuando, en muchos casos, como facilitadoras. El trabajo en equipo permite alcanzar mejores resultados gracias a la sinergia que se genera entre los distintos perfiles.

2 Pasión por el detalle

Por lo general, son los profesionales del secretariado quienes deben prestar atención a aquellos detalles que, aunque puedan parecer irrelevantes, si se descuidan pueden ocasionar consecuencias muy negativas. Su minuciosidad contribuye al éxito del evento.

3 Creatividad

La creatividad es una de las competencias humanas más valiosas y útiles. En el contexto de la organización de eventos puede ser determinante para resolver situaciones imprevistas o aportar soluciones originales que mejoren la experiencia. Aunque no siempre sea imprescindible, su presencia marca la diferencia.

4 Habilidades para la negociación y resolución de conflictos

Aunque estas competencias se han tratado en otros capítulos, conviene destacarlas en este contexto, ya que durante la organización de eventos es habitual enfrentarse a situaciones problemáticas. Las asistentes deben ser capaces de aplicar técnicas de negociación y comunicación asertiva para resolver conflictos por clientes, proveedores, superiores, colegas o colaboradores. Para negociar con eficacia es fundamental: observar, escuchar activamente, intervenir con prudencia, saber cuándo hablar y cuándo callar, mantener el enfoque en el objetivo y comprender tanto el propio ego como el de los demás.

5 Capacidad para anticiparse al cambio

La organización de eventos exige una gran dosis de resiliencia. Es frecuente que surjan cambios que requieran capacidad de adaptación, agilidad mental y, en muchos casos, improvisación con criterio.

6 Capacidad para gestionar presupuestos

La gestión económica es esencial. Algunas organizaciones invierten grandes sumas en eventos, mientras que otras cuentan con presupuestos más ajustados. En ambos casos, es indispensable mantener un equilibrio riguroso entre gasto y objetivos, asegurando que se respete el presupuesto aprobado sin comprometer la calidad.

7 Conocimiento profundo de espacios para eventos, hostelería y restauración

Una parte clave de la organización de actos corporativos consiste en establecer contactos con proveedores, especialmente con aquellos vinculados a espacios de eventos, hoteles y servicios de restauración. Contar con información actualizada y referencias fiables es vital para tomar decisiones acertadas. Hoy en día, Internet ofrece una fuente valiosa de consulta, complementada por recomendaciones directas y asesoramiento profesional.

8 Experiencia en gestión de viajes, tanto nacionales como internacionales

Los eventos de gran envergadura, especialmente los de carácter internacional, implican la coordinación de desplazamientos para numerosos participantes. Por ello, la experiencia en la planificación de viajes resulta esencial.

9 Expertos en la tecnología relacionada con la organización de eventos

Aunque se da por hecho que los profesionales del secretariado cuentan con competencias digitales, en el ámbito de los eventos esta capacidad adquiere una dimensión especial. Desde la búsqueda de información y gestión de inscripciones hasta la publicación del evento en sitios web o redes sociales, la tecnología es una herramienta indispensable para optimizar procesos y resultados.

10 Conocimientos en medios audiovisuales

De forma complementaria al punto anterior, es imprescindible contar con un conocimiento amplio sobre los medios audiovisuales disponibles y su operativa. Los recursos técnicos (sonido, imagen, proyección, retransmisión) juegan un papel clave en la calidad del evento y su impacto en los asistentes.

9.2. CONCEPTO DE EVENTO

El término «evento» proviene del latín *eventus* y, de acuerdo con el Diccionario de la Real Academia Española (RAE), tiene tres grandes acepciones. En este contexto nos centraremos en la tercera: un evento es un acontecimiento, una cosa que sucede. Desde esta perspectiva, un evento puede ser planificado.

El evento, entendido como acontecimiento, debe considerarse como tal en el ámbito empresarial. Un evento corporativo posee un nivel de importancia superior al de una reunión, y aunque ambos conceptos presentan similitudes, también existen diferencias fundamentales. Una reunión tiene un enfoque claramente orientado al trabajo, mientras que los eventos pueden o no estar vinculados directamente con él. Además, en el marco de un evento pueden tener lugar reuniones específicas, lo que añade complejidad y versatilidad al formato.

Los eventos representan un elemento esencial dentro de las estrategias de relaciones públicas, refuerzan el reconocimiento de la empresa, estimulan la moral del equipo y general oportunidades para nuevos contactos y alianzas. Se caracterizan por reunir a un número determinado de personas en un entorno diseñado para favorecer la comunicación, la conexión y el entendimiento mutuo.

Ante el desafío que supone organizar un evento, los profesionales encargados de esta tarea deben comenzar por formularse las preguntas clave: ¿Para qué se celebra un evento? ¿Cuál es su verdadero objetivo?

Estas cuestiones pueden parecer evidentes en ciertos casos, donde la respuesta se presenta de forma casi automática: «celebrar el aniversario de la empresa», «lanzar una nueva línea de productos», «entregar premios relacionados con la cultura o la innovación», etc.

No obstante, quienes participan en la organización deben plantear estas preguntas de forma consciente, con el fin de interpretar con precisión la intención de la dirección. Es fundamental conocer con exactitud qué se busca transmitir o lograr a través del acto. Para ello, es imprescindible establecer una comunicación clara y continua con la persona o equipo responsable de la toma de decisiones.

Por ejemplo, aunque el motivo oficial del evento sea el lanzamiento de un producto, en realidad puede estar orientado a reforzar una imagen más moderna o innovadora de la corporación, especialmente si la recepción pública de la empresa se encuentra desdibujada. Del mismo modo, una entrega de premios puede tener como objetivo proyectar el compromiso de la organización con causas culturales, sociales o medioambientales.

Otro aspecto clave en la interpretación del evento es el tono que se pretende transmitir. Si se opta por un tono informal, probablemente se quiera mostrar una imagen joven, dinámica y cercana. Si, en cambio, se opta por un tono solemne, puede tratarse de reforzar una imagen de solidez, tradición o excelencia institucional. También podría buscarse destacar el carácter vanguardista e innovador de la empresa.

El tono no solo lo determina la organización, sino también el perfil de los invitados. Por ello, la identificación del público objetivo debe ser una de las primeras tareas en la fase de planificación. Es importante conocer su posición jerárquica, su media de edad y, si es posible, si se trata de un grupo homogéneo. Lo ideal sería disponer de información sobre sus gustos, intereses y expectativas.

Todos estos matices son determinantes desde el inicio del proyecto y a lo largo de toda la organización del evento. Este es un momento especialmente crítico en el que las asistentes y secretarias deben aplicar al máximo sus habilidades relacionales, con especial énfasis en la comunicación efectiva, tanto con la dirección como con el resto de los actores implicados.

Caso práctico

Carmen, «la parada», quiere entender el tono del evento que va a organizar

José Manuel «el emprendedor», encarga a Carmen la organización de la I Convención Comercial de su compañía. Consciente de la importancia de comprender bien el enfoque del evento, Carmen contacta con varios miembros del equipo para obtener información más precisa sobre los objetivos.

De estas conversaciones, Carmen extrae las siguientes ideas clave:

- El objetivo principal es reunir a los equipos comerciales, a los clientes principales y a los proveedores que habitualmente no tienen oportunidad de interactuar directamente. Se busca crear un espacio donde puedan compartir experiencias, plantear propuestas innovadoras y planificar estrategias de futuro.

(continuación...)

- Se trata de un colectivo muy joven, como consecuencia del perfil del negocio. La media de edad es baja y predominan los equipos dinámicos, creativos y orientados a la acción.

Con estos datos, Carmen propone a su director un programa más creativo, pero alineado con los objetivos del evento. Su planteamiento incluye, además de las comidas y cenas habituales —momentos clave para la interacción informal—, la celebración del evento fuera de la ciudad, en un entorno natural que favorezca la desconexión del entorno laboral convencional.

La propuesta contempla sesiones de *team building*, orientadas a mejorar la cohesión del grupo y la colaboración entre perfiles distintos. Y competiciones de skate y patinaje, actividades acordes con el perfil joven de los asistentes, que fomentan la participación, el dinamismo y el espíritu de equipo.

Ante esta propuesta, José Manuel muestra reservas y le recuerda a Carmen que se trata de un evento de trabajo, no de una «juerga». Carmen deberá argumentar su propuesta con firmeza, destacando cómo estas actividades informales pueden favorecer la relación entre asistentes, fortalecer la cultura de empresa y contribuir al cumplimiento de los objetivos estratégicos del encuentro.

Comentario

Carmen tiene muy claro tanto el objetivo del evento como el tono que, en su opinión, facilitaría su consecución. Ha sabido aplicar su creatividad, así como sus habilidades de comunicación y negociación, proponiendo una alternativa que responde al perfil de los asistentes y al propósito estratégico del encuentro.

Ahora deberá continuar con el proceso de negociación con su jefe, argumentando con claridad y firmeza por qué su propuesta puede contribuir al éxito del evento y al fortalecimiento de las relaciones entre los distintos grupos participantes.

9.3. ACTIVIDADES ORGANIZATIVAS: *BRIEFING*

Todo evento se compone, en términos organizativos, de tres etapas claramente definidas:

1. Actividades pre-evento
2. Desarrollo del evento
3. Actividades post-evento

Cada una de estas fases conlleva una serie de tareas concretas, que deben quedar detalladas y calendarizadas en un documento fundamental: el *briefing*.

El *briefing* es el documento organizativo por excelencia. En él se recogen la lista de actividades, los plazos para su ejecución y los niveles de prioridad asignados a cada acción. Su correcta elaboración es clave para garantizar que la organización avance de forma coordinada y eficiente.

9.3.1. Actividades pre-evento

Durante esta etapa inicial se establecen los objetivos del evento, se define su naturaleza (corporativo, institucional, comercial, formativo, etc.) y se constituye el Comité Organizador, que será responsable de la planificación. El número de personas que lo integran dependerá de la envergadura del acto.

También se realiza una estimación preliminar del número y tipo de asistentes, incluyendo invitados, participantes, delegados, ponentes y acompañantes, si procede según las características del evento.

Otro punto fundamental es la elección de la fecha, teniendo en cuenta los siguientes plazos recomendados:

- Para eventos nacionales de gran escala, se recomienda iniciar los preparativos con al menos seis meses de antelación.
- Para eventos internacionales, lo ideal es comenzar la planificación con un año de anticipación.

Paralelamente, se inicia la selección de la sede y se lleva a cabo una estimación de los recursos: humanos, materiales y técnicos. Todo ello servirá como base para la elaboración del presupuesto inicial, que deberá ser validado y ajustado a lo largo del proceso.

9.3.1.1. Presupuestos, número de asistentes y plazos

A la hora de organizar un evento, es fundamental actuar con realismo presupuestario. Nadie da nada a cambio de nada, y ciertos ahorros aparentes pueden acabar saliendo muy caros. Tampoco se trata de resolver todo gastando más que los demás: el equilibrio entre lo que se obtiene y lo que se paga debe ser una premisa ineludible.

Es recomendable revisar con especial atención cualquier oferta que se desvíe significativamente del promedio, tanto si se trata de un coste excesivo como si parece sorprendentemente bajo. Estas desviaciones pueden ocultar condiciones poco claras o limitaciones relevantes que afecten a la calidad o viabilidad del servicio.

Del mismo modo, aunque pueda parecer obvio, es necesario aplicar la prudencia tanto en la estimación del número de asistentes como en la definición de los plazos de ejecución de las distintas tareas. Una sobreestimación puede acarrear gastos innecesarios; una infraestimación puede comprometer la operativa.

Por último, hay un factor intangible pero valioso: el instinto organizativo. Si algún aspecto de la planificación genera dudas, incomodidad o desconfianza, lo mejor es revisar, y volver a revisar, hasta alcanzar la certeza de que todo está bajo control y podrá funcionar sin contratiempos.

9.3.1.2. Lista de actividades por etapas

La organización de un evento corporativo en el que intervienen numerosas personas con agendas muy ajustadas, así como elementos de naturaleza diversa, implica contemplar una amplia variedad de aspectos. Entre los más comunes se encuentran:

- Elección de fechas.
- Definición del presupuesto.
- Selección del emplazamiento.
- Visita y elección de hoteles, salones de convenciones, espacios alternativos o palacios de congresos.
- Organización de viajes, tanto nacionales como, en algunos casos, internacionales.
- Coordinación de medidas de seguridad.
- Producción de material promocional.
- Preparación de la documentación del evento.
- Contratación de servicios de azafatas.
- Gestión de proveedores.
- Tramitación de licencias y permisos necesarios.
- Contratación de seguros.
- Relación con medios de comunicación.
- Otros aspectos específicos según el tipo de evento.

La herramienta básica para gestionar eficazmente todos estos elementos es el *briefing*, es decir, la lista de actividades, los plazos para su ejecución y los niveles de prioridad. Esta lista debe adaptarse a las condiciones específicas de cada evento, en función del tiempo disponible y del presupuesto asignado.

El *briefing* puede elaborarse en distintos formatos (Excel, Word, incluso en papel), aunque resulta mucho más eficiente en formato electrónico, ya que permite actualizarse fácilmente y compartirlo entre los distintos miembros del equipo. Se recomienda imprimirlo periódicamente para comprobar el grado de avance del proyecto, anotar información relevante, e introducir observaciones o incidencias surgidas durante la organización.

Adicionalmente, se puede recurrir a la inteligencia artificial (IA) para apoyar tareas como la elaboración de presupuestos, la comparación de ofertas o la búsqueda de proveedores. No obstante, es importante tener presente que, por el momento, la IA debe entenderse como una herramienta de apoyo y no como una sustituta completa del criterio humano: se asemeja más a un becario que requiere supervisión constante.

Durante esta fase inicial, centrada en la planificación, también se recomienda establecer los primeros contactos con los asistentes considerados VIP, con el objetivo de garantizar su presencia en el evento.

A partir de esta planificación, se inicia la ejecución ordenada de todas las actividades, conforme al calendario establecido.

9.3.1.3. Gestión de invitaciones

La gestión de las invitaciones es un aspecto crítico en la organización de cualquier tipo de evento. Aunque en ocasiones pueda considerarse de menor relevancia frente a otros elementos logísticos, lo cierto es que un error en esta fase puede comprometer seriamente el éxito del evento. Si consideramos que uno de los principales objetivos de un evento es establecer comunicación con un colectivo concreto, resulta evidente que, si la convocatoria no llega a las personas adecuadas, las probabilidades de fracaso aumentan exponencialmente.

Pocas cuestiones generan tantos conflictos y malentendidos como los errores en la gestión de invitaciones. Algunos de los más frecuentes son:

- Fallos en el diseño de la invitación (información confusa, incompleta o errónea).
- Datos incorrectos en los destinatarios (nombre, cargo, dirección, etc.).
- Retraso en el envío.
- Invitaciones duplicadas.
- Errores en el tratamiento de género (por ejemplo, sobres dirigidos como «Sr. Don» a una mujer, o viceversa).
- Otros descuidos que pueden afectar negativamente a la imagen del evento.

La gestión de las invitaciones no se limita al envío, aunque este sea un paso fundamental. Incluye varias fases interrelacionadas, que deben planificarse y ejecutarse con precisión:

- Redacción y diseño de la invitación.
- Elaboración de una lista tentativa de invitados.
- Verificación y corrección de los datos.
- Generación de la lista definitiva.
- Envío de las invitaciones.
- Seguimiento, recordatorio y confirmación de asistencia (RSVP).
- Elaboración de la lista final de asistentes confirmados.

Si bien existen diversas aplicaciones y plataformas específicas para la gestión de invitaciones, una hoja Excel bien estructurada sigue siendo una herramienta práctica y eficaz, especialmente para eventos medianos.

Esta hoja debe incluir tantos campos como sea necesario. A continuación, se enumeran los datos imprescindibles: apellidos, nombre, empresa o entidad, correo electrónico, teléfono móvil, restricciones alimentarias, preferencias de transporte, preferencias de alojamiento, confirmación de asistencia, y presencia de acompañante (sí/no).

Esta estructura facilita el control de la información, el seguimiento personalizado y la correcta atención a las necesidades de cada invitado.

9.3.2. Desarrollo del evento

A pesar de todos los preparativos llevados a cabo en la fase previa, hay que asumir que un evento es como una representación teatral que se estrena sin ensayo general. Si algo puede salir mal, es probable que así sea; por tanto, es esencial que la asistente anticipe las contingencias y esté preparada para resolver cualquier imprevisto con rapidez y eficacia.

La clave del éxito durante esta fase radica en una ejecución impecable, basada en el cuidado de los detalles, el respeto por los tiempos establecidos y, sobre todo, en el trato personalizado. Cada invitado debe sentirse único y atendido, incluidos los medios de comunicación, cuya presencia y valoración pueden multiplicar el impacto del evento.

En este sentido, es importante recordad que la prensa no debe ser considerada como un grupo secundario. Al contrario, son aliados estratégicos que pueden contribuir significativamente a la difusión del acto y a la proyección pública de la entidad. También pueden, si no se les trata adecuadamente, convertirse en críticos exigentes.

9.3.3. Actividades post-evento

Tras la celebración de un evento es necesario realizar una serie de tareas que permiten cerrar el proyecto de forma ordenada. Además de la recogida de materiales y la devolución de equipos mensajes, se incluyen acciones como el envío de mensajes de agradecimiento a los asistentes y colaboradores.

Es recomendable, y podría decirse que imprescindible, evaluar los resultados obtenidos, valorando si se han cumplido los objetivos marcados. Esta evaluación permite comprobar si la planificación y organización fueron adecuadas, si los ponentes fueron los idóneos, si el público invitado era el más adecuado y si hubo desviaciones en el presupuesto, entre otros aspectos clave.

9.4. TIPOS DE EVENTO

Los eventos pueden clasificarse en tres grandes categorías: institucionales, sociales y profesionales.

9.4.1. Eventos institucionales

Este tipo de eventos tiene como objetivo principal promover el contacto entre una entidad y sus *stakeholders*. Un *stakeholder* es cualquier grupo de interés clave para el funcionamiento de una empresa: accionistas, empleados, proveedores, clientes, administraciones públicas, entre otros.

Estos eventos deben organizarse con especial cuidado en aspectos como el protocolo, la comunicación, el *timing* y la prevención de imprevistos, ya que suelen tener una fuerte carga simbólica y visibilidad externa.

9.4.2. Eventos sociales

Se trata de actividades organizadas con uno o varios de los siguientes propósitos:

1. Alcanzar objetivos específicos vinculados a la cultura organizacional, la operación interna o la estrategia comercial.
2. Promocionar productos o servicios, motivar al personal o fomentar la comunicación y el trabajo en equipo.
3. Fortalecer las relaciones entre empleados, reforzar la imagen de marca o incentivar y reconocer logros.

Entre los eventos sociales más relevantes se encuentran los de carácter deportivo (trofeos, campeonatos, etc.) y los socioculturales (premios literarios, exposiciones de patrimonio, actividades solidarias, etc.).

También se incluyen en esta categoría las inauguraciones de sedes, así como los cócteles, bufés, almuerzos o desayunos de negocios, que suelen tener una dimensión más informal pero igualmente estratégica.

9.4.3. Eventos profesionales

Los eventos profesionales pueden definirse como una estrategia de comunicación orientada a generar una imagen positiva de la organización en sus respectivos mercados.

Este tipo de eventos tiene objetivos directamente vinculados a la actividad de la entidad. Entre los más habituales destacan los orientados al marketing de productos o servicios, como los lanzamientos de productos, la presentación de nuevos servicios o de nuevas políticas comerciales. Otros, en cambio, están enfocados en la formación o el intercambio de conocimientos, como los simposios, congresos o seminarios.

A continuación, se describen algunos de los eventos profesionales más comunes:

1 Congreso

Reunión periódica, de uno o varios días, en la que personas de distintos lugares que comparten una profesión o actividad exponen y debaten temas previamente establecidos relacionados con su área de trabajo. Suele incluir actividades lúdicas, gastronómicas e incluso deportivas.

2 Conferencia

Exposición oral impartida por uno o varios especialistas, centrada en un tema específico de interés para el público asistente. También puede referirse a la reunión de representantes políticos, académicos o institucionales para tratar asuntos relevantes a nivel nacional o internacional.

3 Simposio

Reunión de expertos para tratar un tema desde diferentes enfoques, mediante intervenciones breves y concretas. El público puede formular preguntas, que los ponentes responden al finalizar sus exposiciones.

4 Seminario

Encuentro didáctico en el que un especialista interactúa con los asistentes a través de trabajos colaborativos. Se busca la difusión de conocimientos o el desarrollo de investigaciones.

5 Debate

Acto de comunicación en el que dos o más personas exponen ideas divergentes sobre un mismo tema.

Participan:

- Ponentes: exponen y defienden sus puntos de vista.
- Moderador: organiza el turno de intervenciones.
- Público: puede plantear preguntas.

6 Convención

Evento de carácter interno promovido por una empresa, dirigido principalmente a empleados o directivos, con el fin de intercambiar ideas, definir estrategias o motivar a los equipos.

7 Taller

Modalidad formativa que combina teoría y práctica. El instructor expone los fundamentos teóricos, que los participantes aplican mediante actividades diseñadas para profundizar en los contenidos.

8 Asamblea

Reunión general de miembros de una organización (asociación, ONG, etc.) para tomar decisiones sobre asuntos comunes. Debe convocarse según los estatutos, con orden del día.

9 Viaje de incentivos

Actividad planificada por la empresa para motivar a empleados o colaboradores alcanzar objetivos concretos, reforzando el compromiso y el reconocimiento.

10 Jornada

Reunión monográfica de corta duración, centrada en un único tema de interés.

11 Mesa redonda

Encuentro entre tres y seis personas, quienes exponen sus puntos de vista sobre un tema previamente definido, bajo la dirección de un moderador.

12 Foro

Reunión abierta para debatir asuntos de interés actual. El público suele tener la oportunidad de participar en la discusión.

13 Rueda de prensa

Acto informativo convocado por una entidad u organismo, dirigido a los medios de comunicación, con el objetivo de difundir novedades o posicionamientos oficiales.

Caso práctico

Guillermo, «el músico», está en el equipo de organización de la inauguración de la nueva sede de la Dirección General

La directora de Relaciones Institucionales de la empresa quiere que Guillermo se involucre y colabore en la organización del evento. Le pide que aporte ideas.

La dirección desea que la inauguración tenga una especial relevancia institucional, tanto por la asistencia de personalidades como por su resonancia en los medios de comunicación, ya que se ha realizado una gran inversión para dotar al nuevo centro de la tecnología más avanzada.

Guillermo constata que no es posible celebrar una recepción para unas 400 personas, el número de invitados calculado tras revisar la base de datos de relaciones de la empresa, en el interior de los locales que se van a inaugurar. Considera que hacerlo en otro lugar no tiene sentido, ya que uno de los objetivos principales es precisamente que los asistentes conozcan las nuevas instalaciones.

Contempla dos alternativas, ambas con un esquema similar:

1. Iniciar el acto oficial con el saludo del presidente de la compañía, seguido de una breve descripción del edificio, el descubrimiento de la placa conmemorativa, la visita a las instalaciones y, como cierre, un cóctel.
2. La diferencia entre las dos opciones radica en el lugar del ágape: en la primera alternativa, el cóctel se celebraría en un centro de negocios cercano. En la segunda, se instalaría una carpa en la explanada de acceso al edificio, donde tendría lugar la recepción.

(continuación...)

A la directora de Relaciones Institucionales le convence más la segunda alternativa, aunque con ciertos matices:

- La persona que presidirá el acto será el alcalde de la ciudad, lo que condiciona la elección de la fecha en función de su agenda.
- A excepción de la visita y el descubrimiento de la placa, el resto del acto se celebrará en la carpa, donde se instalarán pantallas de plasma para garantizar la visibilidad a todos los invitados.

Guillermo comienza a solicitar presupuestos para el alquiler e instalación de la carpa, equipamiento audiovisual, regalos para los asistentes, placa conmemorativa e instalación y el servicio catering. Mientras espera las respuestas, se pone en contacto con el gabinete del alcalde, ya que la presencia de una autoridad reforzará el carácter institucional del acto y su cobertura en medios. También toma nota de la necesidad de invitar al mayor número posible de medios de comunicación.

Cuando disponga de los presupuestos y la confirmación del alcalde, Guillermo procederá a elaborar el programa definitivo del evento.

Comentario

Guillermo comprende con claridad el objetivo: mostrar la inversión realizada en tecnología avanzada.

También ha identificado correctamente el tono institucional que se desea para el acto, y ha comenzado la planificación en coherencia con ambos aspectos. Sabe, además, que la inversión en el evento debe mantenerse en equilibrio, por lo que será necesario negociar con los proveedores para ajustarse al presupuesto disponible.

Aunque todavía tiene mucho trabajo por delante, todo indica que va por el buen camino.

9.4.4. Consideraciones adicionales sobre la gestión de eventos

9.4.4.1. Atención a los asistentes

A los invitados les agrada ser recibidos con cordialidad. En algunos eventos, es imposible que el anfitrión pueda saludar personalmente a todos, pero resulta muy recomendable organizar un equipo de bienvenida que se encargue de acompañarlos al registro, indicarles su ubicación y actuar como punto de referencia en caso de dudas.

El registro debe estar organizado de forma que los nombres sean fácilmente localizables, evitando listas desordenadas o con anotaciones confusas, lo cual proyecta una imagen negativa.

Además, especialmente en invierno, aunque también en otras épocas del año, es importante prever un guardarropa donde los asistentes puedan dejar prendas o pertenencias que no necesiten durante el acto.

9.4.4.2. Los eventos y el *catering*

El catering es un aspecto crucial en cualquier evento. Los asistentes pueden olvidar muchos detalles de lo ocurrido, pero recordarán con claridad si el almuerzo fue excelente... o si las croquetas fueron espantosas. Habitualmente, los tipos de catering más utilizados en eventos corporativos son:

- Cóctel.
- Gala: comida o cena con comensales sentados.
- Bufet: autoservicio con menú a elección.

Para seleccionar el tipo de servicio más adecuado, es fundamental conocer bien el evento y el perfil de los asistentes. Antes de contratar, se debe revisar con atención el menú y su presentación, el tamaño de las raciones, la mantelería, las marcas y tipos de bebidas, los postres y los productos de panadería.

También es necesario consultar con qué antelación deben solicitarse algunos menús especiales y si el servicio cuenta con opciones vegetarianas, dietéticas o para celíacos.

9.4.4.3. *Photocall*

El *photocall* es un elemento cada vez más habitual en los eventos empresariales, ya que permite promocionar la marca y a los patrocinadores.

Se trata de un espacio con un fondo donde se muestran los logotipos o nombres de las marcas vinculadas al evento. Allí los asistentes pueden fotografiarse, conceder entrevistas o participar en alguna acción específica, según el objetivo del acto.

9.4.4.4. Los medios de comunicación

Es habitual que las empresas cuenten con una agencia de comunicación para gestionar las relaciones con los medios y coordinar la difusión del evento. No obstante, conviene tener en cuenta algunas pautas:

- Los periodistas tienen prisa y reciben muchas invitaciones.
- Su trabajo es transmitir información objetiva, no promocional.
- No conocen todos los detalles del evento.
- Buscan titulares relevantes.

Para facilitar su labor, se recomienda elaborar notas de prensa breves (una página como máximo). Si se desea ampliar información, se puede anexar un documento adicional. El título de la nota debe ser claro y llamativo.

Dependiendo de la estrategia de comunicación de la empresa, puede ser interesante usar redes sociales para reforzar la difusión del evento y sus objetivos.

Las redes sociales ofrecen la ventaja de establecer interacción directa e inmediata con muchas personas. Por esta razón, su uso en eventos corporativos es cada vez más habitual. Sin embargo, no basta con publicar y esperar el día, es necesario diseñar una estrategia específica antes, durante y después del evento.

9.5. OBSTÁCULOS, ERRORES CONOCIDOS Y PROBLEMAS EN LA GESTIÓN

Organizar un evento requiere, además de una cuidadosa planificación, una especial atención al detalle. Un evento representa una inversión y, por tanto, supone una gran responsabilidad que todo transcurra según lo previsto.

Entre los obstáculos y errores más comunes en la organización de eventos destacan:

- No definir claramente los objetivos del evento.
- Elegir una fecha inadecuada.
- No planificar con la debida anticipación
- Falta de atención a los detalles logísticos.
- Una comunicación deficiente con el equipo, proveedores o asistentes.
- Incapacidad para adaptarse a imprevistos, lo que puede afectar gravemente a la experiencia general del evento.

Uno de los errores más frecuentes es olvidar el control del presupuesto. Desde el inicio de la organización, es esencial tener presente cuánto está dispuesta a invertir la empresa y asegurarse de que todas las decisiones se ajusten estrictamente a ese límite.

CAPÍTULO 10.
LA COMUNICACIÓN Y COMUNICAR EN EL MUNDO 2.0

Las habilidades de comunicación son necesarias para todas las personas dentro de la empresa, pero resultan, en mayor medida, imprescindibles para las asistentes. Generalmente, es la figura de la asistente el primer contacto que los clientes y relaciones de la entidad tienen con ella, ya sea a través del teléfono o de manera presencial. Son las asistentes quienes reciben a los visitantes, gestionan con frecuencia las quejas de los clientes y reciben y negocian con los proveedores, entre otras funciones.

Las habilidades de comunicación de las profesionales del secretariado constituyen una de sus grandes bazas: un buen uso del idioma, tanto oral como escrito, proyecta siempre una imagen positiva de la empresa.

Además, las asistentes proyectan esa buena imagen a través de su actitud. Saben que deben representar a la compañía, lo que nos lleva a considerar que una imagen profesional impecable, una actitud de servicio por encima de la media y un amplio conocimiento del protocolo empresarial son indispensables en esta profesión.

A lo largo de este capítulo se examinan cuestiones relacionadas con la imagen personal y profesional, el protocolo como herramienta de comunicación, la comunicación interna y externa, así como la comunicación en el entorno 2.0.

10.1. LA IMAGEN PERSONAL Y PROFESIONAL

Tanto la imagen personal como la profesional son de capital importancia, y siempre lo han sido. La imagen personal es crucial en la vida diaria, tanto a nivel individual como laboral. Es la primera impresión que causamos y puede influir notablemente en cómo nos perciben los demás, afectando nuestras relaciones y oportunidades. Nunca debemos olvidar que no existe una segunda oportunidad para causar una buena primera impresión.

Entre otros aspectos, cabe destacar lo siguiente:

- Confianza y seguridad: una buena imagen personal refuerza la confianza en uno mismo.
- Relaciones y oportunidades: las conexiones personales y profesionales, el *networking*, abren puertas a nuevas oportunidades.
- En el ámbito laboral: una imagen personal adecuada es esencial para el éxito profesional.

En situaciones en las que dos personas cuentan con currículums similares y aptitudes igualmente buenas, la empresa siempre contratará a la persona que proyecte una mejor imagen personal. ¡Y ojo! No se trata de que la empresa elija a la persona más agraciada, sino a aquella que presente una imagen profesional más sólida.

Finalmente, debemos recordar que la imagen personal es una forma de comunicación. La actitud, los modales, el lenguaje que utilizamos y la dicción dicen mucho más de nosotros que lo que realmente expresamos.

Es, además, necesario adaptarse a la cultura de la empresa. Si el ambiente de trabajo es informal, no conviene vestirse de manera excesivamente formal; por el contrario, si el entorno es muy formal, es preferible reservar las pequeñas excentricidades para fuera de la oficina.

La imagen personal debe ser:

- Consecuente: acorde con los valores, el estatus, las cualidades, etc.
- Persistente: debe existir un nivel mínimo, definido por cada individuo, por debajo del cual nunca se debe vestir.
- Coherente: el atuendo debe contar una historia, y solo una. Debe existir una concordancia lógica entre lo que se viste y el mensaje que se desea transmitir.

Como conclusión, la imagen sí importa. Esto no quiere decir que solo aquellas personas con cuerpos de modelo puedan tener éxito; por supuesto que no. Pero nunca olvidemos que nuestra imagen es nuestra tarjeta de presentación, y, por lo tanto, debemos proyectar lo mejor de nosotros mismos.

Caso práctico

Casilda, «la optimista», y su nuevo rol

Durante el último año, Casilda se ha estado preparando para convertirse en *personal angel*. Se trata de una formación relacionada con el amplio abanico de funciones, tareas y capacidades necesarias que es difícil enmarcar en unas pocas palabras.

Una capacidad imprescindible es la disponibilidad y estar operativa cuando así se requiera, pues las necesidades o los «fuegos» aparecen en cualquier momento, y un bombero no elige cuándo apagar un incendio. Esta cuestión preocupa a Casilda, que tiene problemas de conciliación.

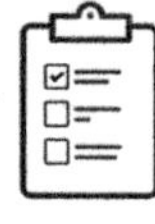

(continuación...)

Los puestos de *PA* difieren tanto entre sí que pueden llegar a ser muy distintos y estar alejados de una descripción tipo. Digamos que estos puestos de trabajo son «trajes a medida» en función de las necesidades de tu cliente o principal.

Casilda ha recibido una oferta de esas que no pueden rechazarse. Ha acudido a la entrevista que constituye el final de un proceso de selección. No puede decirse que se haya puesto sus mejores galas, sino las más apropiadas para la ocasión. Ha optado por proyectar una imagen muy profesional, sobria y elegante.

Comentario

A primera vista, esto puede parecer un tanto superficial, pero el seleccionador considera que, dado el entorno en el Casilda va a desarrollar su actividad, la imagen que proyecta es impecable. Por supuesto, son importantes tanto el currículum como la actitud y las competencias de comunicación.

Te reciben según te presentas.
Te despiden según te comportas.
Francisco de Quevedo

10.1.1. Actitudes

A menudo dedicamos una enorme cantidad de tiempo a pensar cómo deberíamos hablar, e incluso llegamos a ensayar nuestros discursos. Nos preguntamos qué decir, cómo decirlo, qué temas abordar... En definitiva, buscamos aparentar inteligencia.

Este empeño es comprensible y demuestra un verdadero interés por mejorar nuestras habilidades comunicativas. Sin embargo, conviene recordar que, según los expertos, solo un 7 % de la comunicación está relacionado con lo que decimos; un 38 % corresponde al cómo lo decimos (el tono, la entonación, la inflexión de la voz), y el 55 % restante tiene que ver con el lenguaje no verbal, es decir, con nuestros gestos, actitudes y apariencia.

Entonces, ¿importa lo que decimos? Por supuesto. Pero también es cierto que, en muchas ocasiones, lo que transmitimos a través de nuestro tono o actitud puede contradecir lo que expresamos con palabras. Todos hemos vivido situaciones en las que una sonrisa ha resultado más eficaz que cualquier discurso. Sin embargo, no todos los gestos son apropiados... Ni todas las sonrisas significan lo mismo.

Dentro de este lenguaje no verbal, los gestos en general, y el contacto visual en particular, desempeñan un papel crucial. Pero igual de importante es el respeto al espacio personal. Aparentemente, sabemos hasta dónde debemos acercarnos a alguien para hablar, saludar o presentarle a otra persona, pero no siempre somos conscientes de que ese «espacio» está delimitado por normas sociales y culturales.

Según Edward T. Hall, todos manejamos una estructura inconsciente de «territorios personales»:

- Zona íntima: hasta 50 cm. Es el espacio reservado a personas muy cercanas, como familiares o amigos íntimos.
- Zona personal: hasta aproximadamente 125 cm. Suele utilizarse en reuniones y en contextos sociales o laborales.
- Zona social: entre 2 y 3 metros. Se aplica en interacciones con personas ajenas a nuestro entorno próximo, como repartidores, técnicos o desconocidos en la vía pública.

Comprender estas distancias resulta clave al iniciar una conversación o un primer contacto. Muchas personas se sienten incómodas si alguien «invade» su zona personal sin justificación.

> *El espacio personal es un área con límites invisibles que rodea a la persona, y en la que los intrusos no deberían penetrar.*
>
> Robert Sommer

Existen también diferencias culturales significativas. Diversos estudios han demostrado que la percepción del espacio personal varía según la nacionalidad. La obra clásica de Edward T. Hall (1966) fue pionera al analizar cómo las distintas culturas gestionan estas distancias. Hall distinguía, por ejemplo, entre las culturas del norte de Europa y del mundo anglosajón —que tienden a mantener distancias más amplias— y las culturas mediterráneas o árabes —donde el contacto físico y la cercanía son más habituales.

En los países nórdicos, se considera apropiado mantener mayor distancia al interactuar con los demás, lo que a menudo se interpreta como frialdad. En cambio, en el sur de Europa y en los países latinoamericanos, la proximidad física forma parte de la interacción cotidiana.

Comprender estas normas básicas de comportamiento social es el primer paso hacia el respeto mutuo y la convivencia con otras culturas.

10.1.2. Buenas maneras

Aunque en el siguiente epígrafe se abordará el protocolo de forma específica, en este apartado trataremos sobre las buenas maneras y la etiqueta en el entorno laboral.

La etiqueta social y la etiqueta en los negocios comparten muchas similitudes, pero persiguen objetivos distintos:

- La etiqueta social se basa en normas tradicionales de cortesía, como el principio de «las damas primero».
- La etiqueta empresarial, en cambio, responde a la jerarquía y al poder dentro de la organización, es decir, al organigrama.

Cada empresa tiene su propia cultura. Lo más recomendable es observar con atención la actitud general del entorno y adaptarse a ella.

El grado de formalidad —tanto en el comportamiento como en la vestimenta— varía considerablemente según el sector y el tipo de actividad que desarrolla la organización.

De acuerdo con los expertos, las buenas maneras se manifiestan en aspectos como los siguientes:

- Ser respetuoso con los demás y con las normas de convivencia.
- Mantener un lenguaje verbal adecuado al contexto, escuchar al interlocutor y respetar sus ideas, incluso si no se está de acuerdo con ellas.
- Realizar gestos cotidianos como dar los buenos días o las gracias, como forma de reconocimiento y cortesía.
- Cuidar la higiene personal y presentarse con una apariencia acorde a la ocasión.
- Mostrar corrección social a través de conductas como la puntualidad, el saber estar y el respeto a los tiempos y espacios ajenos. Estas actitudes generan confianza y evitan la percepción de incertidumbre.
- Saber relacionarse adecuadamente con los demás y estar bien integrado en la sociedad.

Existe una máxima casi incuestionable: nunca hay una segunda oportunidad para causar una buena primera impresión. Y esa impresión se produce, inevitablemente desde el primer momento en que conocemos a una persona.

10.1.2.1. Cortesía telefónica

Pocos dudarían de que los profesionales del secretariado son los auténticos expertos en atención telefónica. Desde hace décadas, esta ha sido una de sus señas de identidad. El teléfono es una herramienta de uso constante en la que asistentes y secretarias despliegan su saber hacer, su cortesía y su profesionalidad.

A través del teléfono se gestionan negociaciones, se transmiten mensajes o autorizaciones, se fortalecen relaciones públicas y se cierran acuerdos. Cada llamada, independientemente de su finalidad, representa una oportunidad para proyectar una imagen profesional positiva, siempre que se mantengan los buenos modales.

Por ello, aunque pueda parecer obvio, conviene recordar algunas consideraciones esenciales:

La llamada telefónica suele ser el primer contacto que alguien tiene con una empresa, por lo que es fundamental:

- Mantener una actitud positiva.
- Diferenciar el uso profesional del uso personal del teléfono.
- Hacer un uso responsable del tiempo: el teléfono es una herramienta de trabajo, no un pasatiempo.
- Saber escuchar activamente.

En cada conversación telefónica se puede generar una percepción de empresa amable y acogedora:

- Mostrar interés genuino por el interlocutor y, si es posible, utilizar su nombre.
- Saludar cordialmente y tratar cada llamada como si fuese importante. Aunque el tema no parezca relevante, para quién llama podría ser vital.
- Mostrar que la empresa se preocupa por los problemas del cliente o interlocutor.
- Si se promete devolver la llamada con más información, cumplir la palabra.
- Merece una mención especial la conocida como «sonrisa telefónica»:
- Aunque no se vea, la sonrisa se percibe por teléfono.
- Transmite una clara predisposición a ayudar.
- Refleja una actitud positiva, aportando cordialidad, amabilidad e interés a la conversación.
- Esa actitud es percibida por el interlocutor y suele generar una respuesta en el mismo tono.

Por último, aunque no por ello menos importante, hay ciertos comportamientos que deben evitarse, incluso cuando se tiene confianza con la persona al otro lado de la línea:

- No utilizar palabras malsonantes ni apelativos afectivos o coloquiales como «corazón», «chata», o similares. Este lenguaje puede resultar inadecuado y ser malinterpretado por quienes escuchen la conversación.
- No elevar el tono de voz innecesariamente. Hablar demasiado alto puede molestar a los compañeros de trabajo y genera un ambiente incómodo.

10.2. VISITAS EN LA EMPRESA

En el ámbito corporativo, es habitual que se realicen visitas por diversos motivos, entre los que se incluyen establecer nuevas relaciones, presentar productos o servicios, renovar acuerdos o negociar nuevas condiciones, entre otros.

La asistente es la encargada de recibir a los visitantes, darles la bienvenida y acompañarlos al despacho o sala donde se les espera. Su intervención resulta clave, ya que una atención adecuada favorece el establecimiento de relaciones cordiales y fluidas, además de facilitar el trabajo conjunto y las negociaciones.

El objetivo siempre debe ser transmitir la mejor imagen posible, tanto del profesional encargado de la recepción como de la empresa en su conjunto.

10.3. EL PROTOCOLO COMO HERRAMIENTA DE COMUNICACIÓN

No se pretende aquí desarrollar unas tesis sobre el protocolo empresarial, sino analizar su validez y vigencia como herramienta de comunicación corporativa e institucional.

El protocolo es una magnífica herramienta de comunicación y una disciplina capaz de aportar todos los elementos necesarios para gestionar actos, ceremonias y eventos en distintos ámbitos. No se limita únicamente al entorno oficial: se ha convertido en una herramienta estratégica para la comunicación empresarial, tanto a nivel interno y corporativo como en su proyección externa.

El término «protocolo» hace referencia, tradicionalmente, a las normas de comportamiento y ceremonial en actos oficiales o de Estado. Sin embargo, ha evolucionado notablemente. Hoy en día, su aplicación ha traspasado el ámbito institucional y se emplea en contextos muy diversos, entre los que cabe citar:

- El ámbito empresarial.
- El entorno social.
- El ámbito universitario.
- El ámbito deportivo.
- Entre otros.

Las fuentes del protocolo actual son variadas e incluyen: las costumbres locales, las leyes, los reglamentos, los acuerdos internacionales y las tradiciones.

En cuando a su aplicación, las administraciones públicas que utilizan el protocolo oficial son: la Administración del Estado, la Administración autonómica y la Administración municipal o local.

En el caso de las empresas y entidades no oficiales, se recurre habitualmente al protocolo empresarial. Asimismo, de forma más esporádica, las personas particulares también aplican lo que podríamos denominar protocolo social o familiar al organizar determinados actos o celebraciones.

Las empresas —especialmente las de mayor tamaño— organizan numerosos eventos, en los que, en ocasiones, participan otras entidades o incluso personalidades políticas en representación del Gobierno, comunidades autónomas o instituciones públicas. En estos casos, puede tomarse como referencia alguna ley o decreto del protocolo oficial, pero su uso no es obligatorio. Es el anfitrión u organizador del acto quién establece las pautas y decide qué criterios seguir para asegurar el éxito del evento.

Puede afirmarse que la situación actual del protocolo debe contemplarse desde dos vertientes fundamentales:

- Comprender cómo se organizan los actos protocolarios y cuál es su finalidad.
- Analizar la vigencia y adecuación de la normativa legal o consuetudinaria en cada caso.

10.4. COMUNICACIÓN INTERNA Y COMUNICACIÓN EXTERNA

La comunicación interna es el conjunto de acciones, canales y métodos que una empresa utiliza para transmitir y recibir información entre sus miembros y departamentos, con el objetivo de establecer diálogos y fomentar la participación del equipo en diversos procesos. Es fundamental para mejorar el clima laboral, gestionar el talento y alinear a todo el personal con la cultura y los objetivos organizacionales.

La comunicación externa engloba las acciones y procesos mediante los cuales una organización transmite información a personas, entidades o grupos ajenos a ella: clientes, proveedores, medios de comunicación, inversores o la sociedad en general.

En ambos casos, el papel de las asistentes es clave. No olvidemos que proyectan la imagen de la empresa y son, en muchas ocasiones, la primera impresión que esta genera: al teléfono, en la recepción de visitas o en la resolución de múltiples situaciones cotidianas.

Caso práctico

Alberto, «el antiguo», cree que la transparencia en la comunicación es una pamplina

Para Alberto, la transparencia e incluso la comunicación interna no merecen la menor consideración. Como resultado de esta opacidad por parte de la dirección general, en la empresa proliferan los rumores, que incluso parece fomentarse.

Estos rumores generan incomodidad, desmotivación y desconcierto, y por supuesto afectan negativamente a la productividad.

La secretaria de Alberto no es partidaria del cotilleo y, de hecho, evita escuchar rumores. Sin embargo, cuando un compañero le pregunta directamente si la empresa se venderá en breve, decide tomar cartas en el asunto.

Desconoce el origen del rumor, pero dispone de datos objetivos que lo desmienten. Como primer paso, habla con su jefe, quien responde que «eso son pamplinas» y considera que la falta de transparencia es una estrategia temporal que, según él, «ya pasará».

El rumor, no obstante, continúa creciendo. Ante esta situación, la secretaria opta por hablar con el equipo directivo de Alberto. Algunos directores eran ya conscientes del problema que se está gestando; otros, en cambio, lo desconocían por completo. Es un rumor que se ha extendido horizontalmente entre los empleados.

Finalmente, los directores elaboran un plan para contrarrestar el rumor, actuando de forma informal, igual que se generó, con la esperanza de mejorar el clima laboral. Solicitan la colaboración de la secretaria, que accede siempre y cuando no se trate información confidencial.

(continuación...)

Comentario

La secretaria ha procedido con criterio lógico:

- Identificó que la falta de claridad alimenta los rumores.
- En primer lugar, acudió a su jefe, como principal responsable para emitir un comunicado formal y disipar la duda.
- En vista de su negativa, acudió al equipo directivo, consciente de la gravedad de la situación.

Dado el talante del director general, optaron por una comunicación informal. Aunque no es tan eficaz como la formal, al menos puede mitigar los efectos nocivos del rumor.

10.5. COMUNICAR EN EL AGITADO MUNDO 2.0

Vivimos en una era hiperconectada, donde la información circula a velocidades vertiginosas y la atención de las personas se ha convertido en un recurso escaso y valioso. Comunicar en el mundo 2.0 —redes sociales, blogs, plataformas digitales, etc.— implica adaptarse a nuevos códigos, formatos y audiencias.

A continuación, se presentan algunas claves fundamentales para una comunicación eficaz en entornos digitales:

1 Claridad y brevedad

El exceso de información puede saturar a la audiencia. Es necesario ser claro, directo y breve. Los mensajes concisos, visuales y bien estructurados suelen tener mejor recepción.

2 Autenticidad

La transparencia y la autenticidad generan confianza. Las audiencias digitales detectan rápidamente los mensajes forzados, artificiales o incoherentes con los valores de la organización.

3 Interacción y escucha activa

El mundo 2.0 es bidireccional. No se trata solo de emitir mensajes, sino de dialogar, responder, generar conversaciones y construir comunidad.

4 Adaptación al canal

Cada red tiene su propio lenguaje, tono y dinámica. Lo que funciona en Instagram puede no funcionar en LinkedIn o TikTok. Es fundamental adaptar el contenido al medio y a su audiencia específica.

5 Uso estratégico de imágenes y vídeos

El contenido visual atrae más atención y se comparte con mayor frecuencia. Utilizar imágenes y vídeos de calidad mejora el impacto del mensaje.

6 Gestión de la reputación

En el entorno digital, todo queda registrado. Es importante cuidar lo que se comunica, actuar con prudencia y respondes con rapidez y profesionalidad ante situaciones de crisis o comentarios negativos.

7 Constancia y planificación

La presencia digital requiere regularidad y planificación. Es fundamental mantener una frecuencia adecuada en las publicaciones y utilizar herramientas que faciliten la programación de contenidos.

En resumen, comunicar en el mundo 2.0 exige ser ágil, auténtico y estratégico. Aprovechar inteligentemente las herramientas digitales permite conectar verdaderamente con la audiencia y diferenciarse en un entorno saturado de mensajes.

10.5.1. Correo electrónico

A pesar de la aparición de nuevas formas de comunicación, el correo electrónico no solo sigue vigente, sino que su uso continúa creciendo. Se mantiene como el canal preferido para las comunicaciones formales y comerciales, gracias a su estructura organizada, su capacidad para manejar archivos adjuntos y su utilidad en la gestión de correspondencia compleja.

El futuro del correo electrónico apunta a una evolución significativa, impulsada principalmente por la inteligencia artificial (IA), las mejoras en seguridad y las nuevas formas de interacción y personalización.

La IA ya está empezando a transformar este medio. Se han implementado funciones como el autocompletado inteligente y la sugerencia automática de emojis según el tono del mensaje. En el futuro cercano, se espera que la inteligencia artificial pueda:

- Resumir correos extensos, extrayendo sus puntos clave.
- Explicar contenidos complejos, mediante anotaciones integradas en el cuerpo del mensaje.
- Detectar el tono del mensaje y sugerir ajustes para adecuarlo a un estilo más formal o informal.
- Asistir en la redacción, mejorando la precisión y evitando errores fácticos.
- Clasificar automáticamente los correos por tema o nivel de importancia, facilitando su organización.
- Generar asuntos de correo de forma automática en función del contenido del mensaje.

Estas funcionalidades harán que el correo electrónico sea más eficiente, ágil y fácil de usar, integrándose de manera transparente con otras plataformas y dispositivos, como ya sucede en algunos teléfonos que incluyen IA en el propio teclado.

¿Cómo escribir un correo profesional? A pesar de su inmediatez, el correo electrónico debe mantener la estructura y formalidad de una carta profesional. Como afirman muchos expertos, «el correo electrónico es una carta: no tardará dos meses en llegar, pero necesita una estructura y desarrollo adecuados».

Al redactar un correo profesional, es recomendable:

- Cuidar el saludo, el cuerpo del mensaje y la despedida.
- Ser claro, conciso y respetuoso.
- Evitar ambigüedades o un lenguaje excesivamente informal si el contexto no lo permite.
- Revisar ortografía y gramática antes de enviarlo.
- No saturar a los destinatarios con correos innecesarios o repetitivos.

Enviar una media de cuatro correos diarios a un mismo destinatario, aunque sean relevantes, puede llevar a que estos acaben siendo marcados como correo no deseado.

Además, es importante no confundir el correo corporativo con el correo personal. No tienen la misma finalidad, ni deben utilizarse del mismo modo. El correo corporativo exige profesionalidad, responsabilidad y respeto a las políticas de uso establecidas por la organización.

10.5.2. Correo electrónico y *netiqueta*

La *netiqueta* (etiqueta en internet) establece una serie de normas básicas de cortesía digital que conviene tener siempre presentes al utilizar el correo electrónico en entornos profesionales. A continuación, se enumeran algunas recomendaciones fundamentales:

- Incluye un saludo inicial, tal como lo harías en una carta física. Al finalizar el mensaje, añade una o dos líneas con tus datos de contacto.
- Utiliza un asunto claro y específico. El *subject* o título del mensaje es determinante: puede hacer que tu correo sea leído, archivado o directamente ignorado. Debe sintetizar el propósito del mensaje, ser breve y preciso.

(continuación...)

- Cuida la extensión. Un correo profesional no debería superar los tres párrafos. Hay que evitar mensajes extensos, especialmente cuando se dirigen a personas que reciben decenas o incluso cientos de correos diarios.
- Dale formato legible. Usa párrafos breves y deja una línea en blanco entre ellos. Evita frases demasiado largas que dificulten la compresión.
- Revisa la ortografía y la gramática antes de enviar cualquier mensaje. Este principio no es exclusivo del correo electrónico: cualquier redacción profesional, ya sea un informe, mensajes de texto o publicación en redes, debe cumplir con estándares mínimos de corrección y claridad.
- Modera la firma. Esta no debe ocupar más de tres líneas. Frases motivacionales, imágenes o citas resultan graciosas solo la primera vez y pueden restar profesionalidad.
- Evita escribir en mayúsculas. En internet, se interpreta como gritar y además dificulta la lectura.
- Incluye una despedida adecuada, incluso si el mensaje es breve o urgente. Expresiones como «Que tengas un buen día», «Saludos cordiales», «Gracias por tu atención» o simplemente «Saludos» aportan profesionalidad y cortesía.
- No solicites confirmaciones automáticas de lectura. Esta práctica se considera de mal gusto y puede incomodar al destinatario.
- Utilizar correctamente los campos CC y CCO. Envía la información solo a quienes corresponda. Evita saturar a personas con mensajes irrelevantes o compartir información con destinatarios inadecuados.
- Responde con prontitud. Lo recomendable es contestar en un plazo máximo de 24 horas. Aunque se pueden establecer horarios específicos para gestionar el correo, no responder a tiempo puede generar incertidumbre o provocar reenvíos innecesarios.

(continuación...)

- Si el asunto es urgente, haz una llamada de seguimiento. En ocasiones, la información requiere atención inmediata. Llamar tras enviar el correo garantiza que fue recibido y pone en alerta al destinatario sobre su urgencia.
- Evita el uso de emoticonos. En la comunicación empresarial, los correos deben mantener un tono formal. Las caritas sonrientes u otros símbolos gráficos restan seriedad y no son apropiados en este contexto.

10.5.3. Redes sociales

Hasta hace no mucho tiempo, las redes sociales eran vistas una fuente de distracción y una causa directa de pérdida de productividad. Sin embargo, esta percepción está cambiando progresivamente. De hecho, en algunas empresas se incentiva activamente la presencia profesional en redes sociales, reconociendo su valor estratégico como canal de comunicación y posicionamiento.

> *No digas en la Red lo que no querrías que fuera expuesto en un anuncio panorámico con tu cara puesta en él.*
>
> Erin Bury

Hoy en día, muchas organizaciones comprenden que las redes sociales pueden ofrecer importantes beneficios corporativos:

- Aumentan la visibilidad de la marca y permiten alcanzar a un público más amplio, facilitando una comunicación directa, cercana y continua con clientes actuales y potenciales.
- Funcionan con canales eficaces para promocionar productos, lanzar campañas, anunciar novedades y gestionar promociones de manera dinámica y segmentada.
- Ofrecen información valiosa sobre la audiencia, permitiendo conocer mejor al público objetivo y realizar estudios de mercado y análisis de la competencia en tiempo real.
- Incrementan el tráfico hacia la página web de la empresa y pueden actuar como fuente directa de ventas o acuerdos comerciales.
- Favorecen la fidelización de clientes y la construcción de comunidades online en torno a la marca, fortaleciendo su posicionamiento y reputación.

10.5.3.1. Redes sociales y empleo: claves actuales

Las redes sociales se han consolidado como una herramienta clave para la búsqueda de empleo y el desarrollo profesional. No solo permiten ampliar la red de contactos y visibilizar competencias, sino también mostrar la personalidad, los valores y la marca personal de cada candidato. Además, ofrecen acceso a ofertas laborales que no siempre se publican en portales tradicionales.

Plataformas como LinkedIn lideran el entorno profesional, pero otras como Facebook, Instagram, X (antes Twitter) y, en especial, TikTok, están ganando protagonismo, sobre todo entre perfiles jóvenes, creativos y digitales.

Diversos estudios indican que más de la mitad de las empresas (entre el 52 % y el 54 %) revisan las redes sociales de los candidatos antes de contratarlos, ya sea para captar talento o para evaluar su reputación y adecuación al puesto.

Las plataformas más consultadas por los reclutadores son:

- LinkedIn, con un 85 % de uso.
- Facebook, con un 63 %.
- X (Twitter), con un 19 %.
- TikTok, que ha duplicado su uso recientemente y alcanza ya un 12 %.

En resumen, las redes sociales son esenciales tanto para buscar empleo como para ser evaluado por las empresas. Un perfil activo, coherente y bien gestionado puede abrir nuevas oportunidades laborales y mejorar significativamente la empleabilidad en un mercado cada vez más competitivo y digitalizado.

10.5.4. Mensajería instantánea

La mensajería instantánea se diferencia del correo electrónico por su rapidez y dinamismo, ya que permite una interacción inmediata y fluida, con indicadores que muestran si el mensaje ha sido leído o si el destinatario está escribiendo una respuesta. Además, muchas aplicaciones permiten chats grupales y ofrecen cifrado de extremo a extremo para proteger la privacidad de las conversaciones.

Las plataformas más populares incluyen WhatsApp, Messenger, Telegram, WeChat y Slack, cada una con funcionalidades específicas para la comunicación personal o profesional. La mensajería instantánea ha evolucionado desde programas de escritorio hasta convertirse en aplicaciones móviles y servicios web multiplataforma. Hoy en día, es una herramienta esencial tanto para la comunicación cotidiana como para la interacción entre empresas y clientes.

WhatsApp es, probablemente, la aplicación de mensajería instantánea más popular del mundo. Cuenta con más de 2.000 millones de usuarios en más de 180 países y permite enviar mensajes, realizar llamadas y videollamadas de manera simple, segura y gratuita. Su importancia radica en diversos aspectos clave:

- Comunicación instantánea y sin coste. Facilita el contacto en tiempo real con amigos, familiares, colegas o clientes, sin importar la ubicación geográfica.
- Seguridad y privacidad. Utiliza cifrado de extremo a extremo, lo que garantiza que solo los interlocutores puedan acceder al contenido de los mensajes.
- Herramienta para negocios. A través de WhatsApp Business, las empresas pueden interactuar de forma eficiente con sus clientes, ofrecer atención personalizada, realizar seguimientos de pedidos y aumentar sus ventas. Se ha convertido en uno de los canales preferidos de comunicación empresarial.
- Funciones colaborativas. Permite crear grupos de trabajo, educativos o sociales, facilitando la coordinación de actividades, el intercambio de información y la colaboración entre múltiples participantes.
- Facilidad de uso y accesibilidad. Su interfaz intuitiva, junto con su disponibilidad en múltiples dispositivos, la hace accesible para usuarios de todas las edades y niveles de experiencia.

En resumen, WhatsApp se ha convertido en una herramienta fundamental de la comunicación moderna, gracias a su rapidez, seguridad, versatilidad y capacidad para conectar personas y organizaciones de forma eficaz y confiable.

CAPÍTULO 11.
GESTIÓN DE LA INFORMACIÓN

La gestión de la información comprende el conjunto de procesos destinados a la recopilación, almacenamiento, organización, seguridad, mantenimiento, archivo y eliminación de datos dentro de una organización. Su finalidad es garantizar que la información adecuada esté disponible para la persona indicada en el momento oportuno, lo que facilita la toma de decisiones mejora el rendimiento y refuerza la competitividad empresarial.

Este proceso abarca el ciclo de vida completo de la información, desde su obtención hasta su disposición final, asegurando en todo momento su integridad, disponibilidad y confidencialidad. Además, incluye la planificación, organización, tratamiento, distribución y evaluación de la información, con el objetivo de maximizar su valor y reducir los costes asociados a su uso y mantenimiento.

En síntesis, la gestión de la información es una disciplina que integra tecnología, procedimientos y políticas para administrar la información como un recurso estratégico dentro de las organizaciones.

Desde tiempo remotos, las asistentes han desempeñado un papel clave como depositarias de la información. No obstante, en la actualidad, su labora va mucho más allá de conservar documentos: también se contribuye activamente a generar valor a través del tratamiento y análisis de la información.

Entre las funciones relacionadas con la gestión de la información que desempeñan las asistentes administrativas, destacan las siguientes:

- Tramitación de documentos y comunicaciones.
- Elaboración de informes. A partir de la información recogida, se elaboran informes aplicando análisis crítico, capacidad de síntesis y criterios de relevancia.
- Clasificación, registro y archivo. Se lleva a cabo una organización sistemática de la información para asegurar su conversación y consulta eficiente.

(continuación...)

- Control y acceso a la información. Se gestionan los permisos y accesos a los datos, garantizando que únicamente el personal autorizado pueda consultarlos o modificarlos, lo que contribuye a preservar la seguridad y la confidencialidad.
- Automatización y optimización de procesos. Se participa en la implementación de herramientas tecnológicas que permiten automatizar tareas y optimizar la gestión documental, incrementando así la eficiencia operativa.

Además de las tareas anteriores, las asistentes son responsables de gestionar información relacionada viajes, reuniones y eventos, como medios de transporte, alojamientos o servicios de restauración, lo cual resulta clave para facilitar la logística y el desarrollo ordenado de la actividad diaria.

En la actual Sociedad de la Información, los datos se han consolidado como un activo esencial tanto para las organizaciones como para las personas. Sin embargo, uno de los grandes desafíos contemporáneos es el exceso de información. Con frecuencia, el volumen es tan elevado que «los árboles no dejan ver el bosque». Ante esta realidad, se hace imprescindible aplicar criterios de objetividad, prudencia y discernimiento para identificar qué información es válida, útil y relevante.

Caso práctico

Enrique, «el estudioso», necesita información

Enrique está saturado de trabajo. Además, hay varias visitas programadas de diversas delegaciones extranjeras. Aunque le gusta preparar personalmente este tipo de encuentros, recopilando toda la información pertinente, teme no disponer de tiempo suficiente para ello.

Teresa, su asistente, ha estado revisando la agenda y ha comprobado que, además de todos los proyectos en curso, figuran las visitas internacionales que se programaron con antelación.

Las tres próximas delegaciones provienen de Polonia, Singapur y Perú. En primer lugar, Teresa ha solicitado a las embajadas información sobre el rango de los visitantes y todos los detalles relativos a cada visita (fecha de llegada, programa del viaje, etc.). A continuación, a través de Asuntos Exteriores, ha conseguido informes bastante completos sobre la situación socioeconómica de estos países. Además, ha investigado los usos, costumbres y normas de protocolo propios de cada delegación con visitas anteriores.

Con toda esta información, Teresa preparará tres dosieres para que Enrique disponga de los datos pertinentes de forma organizada y accesible.

Comentario

Teresa demuestra ser una profesional proactiva y con iniciativa, que no ha esperado a recibir instrucciones. Ha realizado por cuenta propia toda la investigación necesaria para que el director cuenta con la información adecuada, lo que facilitará una buena relación con las delegaciones visitantes.

11.1. EL VALOR DE LA INFORMACIÓN Y LA IA

La información y los datos se han convertido en activos estratégicos fundamentales dentro de la economía digital. Su valor reside en la capacidad de transformar la toma de decisiones, optimizar procesos y generar ventajas competitivas, especialmente cuando se combinan de forma eficaz con la inteligencia artificial (IA).

Una gestión adecuada de la información permite:

- Mejorar y optimizar procesos comerciales.
- Identificar oportunidades de crecimiento y evaluar riesgos.
- Potenciar la experiencia del cliente y la personalización de servicios.
- Reducir costes y aumentar la competitividad gracias a una toma de decisiones más informada y ágil.

La información constituye la base sobre la que se construyen los sistemas de inteligencia artificial. Sin datos de calidad, la IA no puede identificar patrones, realizar predicciones ni tomar decisiones efectivas.

En este sentido la calidad, diversidad e integridad de la información son factores esenciales. No se trata únicamente de acumular grandes volúmenes de datos, sino de asegurar que estos sean relevantes, fiables y adecuados para extraer valor real.

Los sistemas avanzados de IA son capaces de analizar datos en tiempo real, detectar patrones complejos y generar conocimiento que sería inalcanzable sin su intervención. Sin embargo, la combinación entre inteligencia artificial y análisis humano es crucial: la interpretación por parte de personas expertas aporta el contexto y el sentido necesarios para que los resultados generados por la IA se conviertan en conocimiento estratégico aplicable.

En resumen, el valor de la información en la era de la inteligencia artificial radica en su capacidad para transformar datos en conocimiento útil. Cuando la IA se utiliza adecuadamente, multiplica el potencial de esa información, convirtiéndola en motor de innovación y competitividad empresarial.

Actualmente, uno de los principales activos de cualquier empresa es la información. No obstante, su verdadero valor reside en que esté bien gestionada, disponible, actualizada y que pueda ser utilizada y compartida según los criterios establecidos por la organización.

Ahora bien, como todo activo, la información debe ser protegida y debe cumplir con tres condiciones esenciales.

1 Integridad

Consiste en mantener la información exactamente tal y como fue generada, sin que sea manipulada o alterada por personas o procesos no autorizados.

Una violación de la integridad se produce cuando, por accidente o con mala intención, una persona, programa o proceso modifica o elimina datos importantes que forman parte de la información.

2 Disponibilidad

Implica que la información y los sistemas que la contienen estén accesibles para las personas autorizadas en el momento en que la necesiten.

3 Confidencialidad

Hace referencia a la capacidad de prevenir la divulgación de información a personas o sistemas no autorizados. Puede definirse como el acceso exclusivo a la información por parte de quienes cuentan con la debida autorización.

Caso práctico

Alberto, «el antiguo», quiere que el archivo esté impecable

Alberto, un directivo de la generación *boomer* convencido de que «cualquier tiempo pasado fue mejor», dirige el departamento de Finanzas. A su cargo tiene un equipo amplio, por lo que también gestiona documentación relacionada con recursos humanos, tanto en formato físico como digital.

Entre sus objetivos están:

- Mantener una correspondencia exacta entre los formatos físico y digital.
- Facilitar una búsqueda rápida y eficaz de los documentos.
- Disponer de un sistema escalable y fácil de mantener.
- Incluir tanto la documentación administrativa como la relativa al personal.

Alberto se inquieta especialmente cuando necesita un documento que, en teoría, debería estar archivado, pero no aparece. Con la intención de resolver este problema, mantiene una conversación con su asistente, Teresa.

Teresa ha estado revisando la situación y propone una nueva estructura de archivo. Su planteamiento contempla tanto el archivo físico como el digital, y parte de la creación de un índice general de carpetas raíz.

(continuación...)

Propuesta de organización del archivo

- **Archivo físico**: Teresa sugiere crear un índice de contenidos en un documento de Word, impreso y disponible en el despacho del directivo, como si fuera una guía de biblioteca.
- **Archivo digital**: desde una solución en la nube (OneDrive, Google Drive o SharePoint), se crearía una carpeta principal con el nombre del archivo o del departamento, a partir de la cual se organizarían las subcarpetas.

Códigos de consulta (ejemplo)

1. Personal (PER).
2. Contabilidad (CON).
3. Tesorería (TES).
4. Proveedores (PRO).
5. Clientes (CLI).
6. Contratos (CTR).
7. Informes y auditorías (IA).
8. Normativa y procedimientos (NP).
9. Miscelánea / Otros (VAR).

Cada carpeta principal tendría subcategorías asociadas, con códigos replicados tanto en el índice impreso como en el archivo digital. Por ejemplo:

- **Contabilidad (CON)**

  Facturas emitidas (CON_FE).

  Facturas recibidas (CON_FR).

  Asientos contables (CON_AC).

  Declaraciones fiscales (CON_DF).

  Balances y cierres (CON_BC).

(continuación...)

- **Sistema de etiquetado de documentos**

  Es fundamental seguir rigurosamente el sistema de etiquetado y el protocolo definido. Lo ideal es utilizar un código alfanumérico acompañado de una breve descripción.

  Formato digital: el nombre del archivo seguirá esta estructura:

  [Categoría]-[Subcategoría]-[Año]-[Nombre o Código Interno]

  Ejemplo: CON_FE_2025_00123.pdf → Factura emitida número 123 de 2025.

  Formato físico: el mismo código debe escribirse a mano en la esquina superior derecha del documento correspondiente.

- **Sincronización entre formatos físico y digital**

  Para garantizar la trazabilidad y consistencia entre ambos formatos, se propone lo siguiente:

  - Referencia única y visible: cada documento debe tener un número de referencia inequívoco. En digital, será el nombre del archivo; en papel, deberá figurar claramente en una zona acordada.
  - Índice maestro alfabético: se elaborará un índice maestro, tanto en formato digital (para el personal asistente) como impreso (para el directivo), que deberá estar sincronizado al 100 %. En caso de extravío de un documento físico, podrá imprimirse una copia desde el archivo digital. Se recomienda actualizar este índice a diario.
  - Escaneo sistemático: cualquier documento recibido en papel debe escanearse de inmediato, codificarse según la nomenclatura acordada, y añadirse tanto al archivo digital como al índice maestro.

(continuación...)

- — Control de versiones y criterio práctico: en casos con múltiples versiones (por ejemplo, presentaciones para el Consejo de Administración), no es viable actualizar el índice constantemente. En estos casos, se mantendrán las versiones en el archivo digital y solo se imprimirá la más reciente si el directivo la solicita. La gestión responsable de versiones debe apoyarse en el sentido común.
- **Herramientas recomendadas**
  - — Digital: OneDrive, Google Drive o SharePoint (por su integración con herramientas de oficina y trabajo colaborativo).
  - — Físico: archivadores o armarios con estanterías organizadas por etiquetas codificadas y separadores por subcategoría.

Comentario

La información solo tiene valor cuando cumple con tres condiciones esenciales: integridad, disponibilidad y confidencialidad.

En este caso, están garantizadas la disponibilidad y la confidencialidad, pero se detecta una falta de integridad.

Es posible que Alberto haya querido revisar el anexo con mayor detenimiento, y una simple fotocopia habría sido suficiente para ello. También cabe la posibilidad de que, debido a su innata desconfianza, haya preferido conservar el documento original para sí.

11.1.1. Almacenar información en la nube

Hablar de archivar información en la nube se ha vuelto casi un tópico. Sin embargo, conviene preguntarse: ¿qué se entiende exactamente por «nube» en el contexto de las tecnologías de la información? Y, más aún, ¿cómo puede este concepto contribuir a nuestras necesidades de organización y almacenamiento digital?

El concepto de nube (del inglés *cloud*) proviene de una generalización del término «computación en la nube» (*cloud computing*). Esta expresión hace referencia a una red informática que permite el almacenamiento y la sincronización de datos en línea, mediante el uso de servidores virtuales conectados entre sí.

Estos servidores virtuales, aunque no máquinas físicas, están alojados en infraestructura real, es decir, en servidores propios de la organización propietaria de la información.

11.2. La documentación: función y utilidad

Los documentos constituyen el soporte fundamental para:

- Comunicar información compleja.
- Desarrollar la información.
- Dar fe de determinados hechos.

En efecto, los documentos permiten no solo comunicar y desarrollar información, sino también asegurar su permanencia en el tiempo. Por ejemplo, lo tratado en una reunión se recoge en un acta, de modo que las ideas expuestas y los acuerdos adoptados queden registrados. A partir de ese acta pueden generarse nuevos proyectos relacionados con las decisiones tomadas, lo cual también quedará documentado en registros posteriores.

Además, los documentos cumplen una función probatoria, es decir, permiten dar fe de determinados hechos. Siguiendo el ejemplo anterior, un acta puede ser, en algunos casos, requisito indispensable para certificar la celebración de una sesión del consejo de administración o de una junta de accionistas.

La información se formaliza en documentos que pueden están contenidos en distintos tipos de soportes, y no se limita al texto. También puede incluir hojas de cálculo, presentaciones, imágenes, vídeos o audios. Dado que los documentos pueden adoptar múltiples formatos, es imprescindible aplicar un tratamiento documental adecuado a las características de cada uno.

El objeto de la conservación documental es mantener tanto la integridad física como funcional de los documentos, de forma que estén disponibles para su uso y consulta en todo momento. Esto se logra mediante la aplicación de medidas que garanticen su estabilidad y mediante acciones preventivas que eviten su deterioro.

11.3. COMPARTIR LA INFORMACIÓN

El intercambio de información dentro de una empresa es un elemento clave para mejorar la comunicación interna, incrementar la eficiencia operativa y fomentar la innovación.

Principales beneficios de compartir la información:

- Mejora de la comunicación interna. Favorece que los empleados accedan de manera rápida y sencilla a la información que necesitan, lo que reduce tiempos de espera, evita malentendidos y mejora la coordinación entre equipos.
- Optimización de procesos. El conocimiento compartido permite estandarizar procedimientos, identificar ineficiencias y aplicar buenas prácticas de forma transversal en toda la organización.

(continuación...)

- Impulso a la innovación y a la ventaja competitiva. La circulación de información relevante estimula la creatividad y promueve la colaboración entre departamentos, facilitando la generación de nuevas ideas y soluciones innovadoras.
- Accesibilidad y continuidad operativa. La información compartida no depende exclusivamente de una persona. En caso de ausencia o rotación de personal, los equipos pueden continuar con sus funciones sin interrupciones.
- Reducción de costes. El aprovechamiento del conocimiento interno disminuye la necesidad de recurrir a formación externa o a la duplicación de tareas, lo que contribuye a un uso más eficiente de los recursos.

Caso práctico

Compartir y editar documentos en la nube

Guillermo, «el músico», está aprovechando la ausencia de su jefe, Pedro, «el inseguro», para reorganizar el archivo. Como Pedro suele preferir la comunicación electrónica, Guillermo no espera recibir ninguna llamada. Por eso, se sorprende cuando suena el teléfono. Pedro, que no se caracteriza por ser especialmente expresivo, transmite en esta ocasión una gran cantidad de información en apenas unos minutos. Ha recibido un encargo directo del presidente de la compañía: diseñar un plan de innovación a cinco años. Pedro ya ha comenzado a elaborar un informe preliminar y quiere que Guillermo se encargue de las siguientes tareas:

(continuación...)

- Buscar información sobre determinados productos.
- Insertar esa información en el informe.
- Pedir a un miembro del equipo que redacte la introducción.
- Coordinar la edición del documento a través de Google Docs, aprovechando que está almacenado en la nube y que la herramienta permite la sincronización automática de los cambios realizados por varios usuarios.
- Una vez finalizado el documento y aprobado por Pedro, Guillermo deberá aplicarle el formato adecuado utilizando la plantilla oficial de informes de la empresa.

Comentario

Este caso ejemplifica claramente las del almacenamiento en la nube y el uso de herramientas colaborativas, que permiten trabajar en equipo de forma ágil, desde cualquier ubicación, y con actualizaciones en tiempo real.

11.4. LAS FUENTES DE INFORMACIÓN

Las fuentes de información en el ámbito empresarial son todos aquellos recursos, medios o materiales a través de los cuales se obtiene información relevante para la toma de decisiones, la gestión interna y la planificación estratégica.

Estas fuentes pueden tener origen interno o externo a la organización y se clasifican de distintas maneras según su procedencia y finalidad.

Tipos principales de fuentes de información en la empresa:

1

Fuentes internas

Son aquellas que se generan o se encuentran dentro de la propia organización. Se caracterizan por ser accesibles, fiables y alineadas con las necesidades específicas de la empresa. Incluyen:

- Bases de datos internas (clientes, ventas, inventarios).
- Estados financieros y contables.
- Registros de costes y producción.
- Informes departamentales y análisis internos.
- Documentación de personal y recursos humanos.
- Manuales y procedimientos operativos.

Estas fuentes son esenciales para la gestión diaria, ya que ofrecen una visión clara y concreta de la situación interna de la empresa.

2

Fuentes externas

Son aquellas que provienen del entorno de la organización y permiten acceder a información no disponible internamente. Ofrecen una perspectiva más amplia del mercado, la competencia y el contexto económico y social. Entre ellas se encuentran:

- Internet y sitios web oficiales de organismos gubernamentales.
- Publicaciones especializadas, libros, revistas y diarios.
- Informes elaborados por asociaciones empresariales o cámaras de comercio.

2

(continuación...)

Fuentes externas

- Información proporcionada por competidores, proveedores, distribuidores y clientes.
- Organismos públicos y bases de datos oficiales (como el Instituto Nacional de Estadística).
- Eventos del sector: ferias, congresos y jornadas técnicas y seminarios.

Estas fuentes resultan clave para la adaptación al entorno, el análisis de tendencias, la dirección de oportunidades y la mejora de la competitividad empresarial.

11.5. SEGURIDAD DE LA INFORMACIÓN

La seguridad de la información es el conjunto de medidas, procedimientos y herramientas destinados a proteger la información frente a accesos no autorizados, usos indebidos, interrupciones, modificaciones o destrucciones, independientemente de su formato (digital, físico, oral, etc.). Su objetivo principal es preservar uno de los activos más valiosos de cualquier organización o persona: la información.

La seguridad de la información se basa en tres pilares fundamentales:

- **Confidencialidad**. Garantiza que solo las personas autorizadas puedan acceder a la información, evitando su divulgación a terceros no autorizados.
- **Integridad**. Asegura que la información no se modifique sin autorización, y que se mantenga exacta y fiable desde su creación hasta su uso o almacenamiento. Para ello, se aplican medidas como firmas digitales, auditorías y controles de cambios.
- **Disponibilidad**. Consiste en garantizar que la información esté accesible y operativa cuando se necesite, evitando interrupciones causadas por fallos técnicos, ciberataques o desastres. Entre las medidas más comunes se incluyen la redundancia de sistemas, la tolerancia a fallos y los planes de recuperación ante desastres.

11.6. DISCRECIÓN Y CONFIDENCIALIDAD

La discreción y confidencialidad son principios fundamentales en el trabajo de las asistentes personales y profesionales de apoyo, especialmente cuando gestionan información sensible o atienden demandas personales de sus directivos.

¿Qué es la discreción? La discreción implica actuar con reserva y prudencia, evitando divulgar información o detalles sobre el directivo, sus preferencias, actividades o circunstancias personales. Es una cualidad esencial para generar confianza y tranquilidad, permitiendo que se deleguen aspectos íntimos de la vida profesional o personal sin temor a juicios ni exposiciones indebidas.

¿Y la confidencialidad? La confidencialidad consiste en la capacidad de proteger y gestionar adecuadamente información sensible, garantizando que no sea divulgada, ni siquiera de forma accidental, tanto dentro como fuera del entorno laboral.

Ambas cualidades son imprescindibles para cualquier perfil de asistente —administrativo, ejecutivo o personal—, ya que no solo preservan en la relación profesional y consolidan la reputación del asistente.

Buenas prácticas para garantizar la discreción y la confidencialidad:

- Mantener conversaciones confidenciales en espacios privados. Evitar tratar temas sensibles en zonas comunes o en presencia de personas no autorizadas.
- Utilizar contraseñas y cifrado. Proteger documentos y accesos digitales mediante medidas de seguridad adecuadas.
- Restringir el acceso a la información. Asegurar que solo las personas que realmente lo necesiten puedan acceder a datos confidenciales.
- Firmar y respetar acuerdos de confidencialidad. Formalizar el compromiso mediante documentos que, en algunos casos, se mantienen vigentes incluso tras finalizar la relación laboral.
- Mantener una comunicación honesta y profesional. Informar solo lo necesario, con respeto y siempre de forma adecuada al contexto.
- Minimizar la recopilación de datos personales. Solicitar únicamente la información estrictamente necesaria y garantizar protección conforme a la normativa vigente.

11.7. CONCLUSIONES

El rol de la asistente ejecutiva en la gestión de la información es fundamental y multifacético dentro de cualquier organización moderna. Su responsabilidad va mucho más allá de las tareas administrativas tradicionales, situándose como un enlace clave entre la alta dirección y el resto del personal, así como un pilar en la organización, protección y circulación de la información crítica para la empresa.

La gestión de la información en el ámbito de la asistencia ejecutiva está atravesando una transformación profunda gracias a la integración de la inteligencia artificial (IA). Este cambio afecta no solo a la forma en que se organizan y procesan los datos, sino también al rol estratégico que desempeña la asistente ejecutiva dentro de las organizaciones.

La figura de una asistente experimentada, con formación sólida y un importante bagaje cultural, se consolida como gestora principal de la información empresarial, especialmente en un contexto donde esta constituye un activo de altísimo valor estratégico.

Su labor no se limita al mantenimiento del archivo, ya que, como se ha demostrado, esta tarea posee una gran relevancia: el archivo no solo refleja la historia de la empresa, sino que también preserva su conocimiento operativo (lo que en inglés se conoce como *know-how*).

En este sentido, la asistente no solo diseña y mantiene el archivo, sino que también proporciona la información necesaria en el momento adecuado, facilitando la toma de decisiones de forma eficaz.

Además, las asistentes y secretarias de alta dirección asumen funciones que van aún más allá: realizan investigaciones proactivas sobre temas de interés para la empresa, anticipándose a las necesidades informativas de la dirección y contribuyendo activamente a su toma de decisiones.

CAPÍTULO 12.
CONCLUSIÓN: LA ASISTENTE EJECUTIVA EN LA ERA DE LA IA

La transformación digital y la inteligencia artificial (IA) han cambiado para siempre el modo en que trabajamos, y el rol del asistente de dirección también se actualiza. Algunas funciones tradicionales, como la gestión de correspondencia física y fax, la atención telefónica como eje de comunicación, y el archivado en papel, ya no son el centro de la actividad. Estas tareas no han desaparecido del todo, pero han sido ampliamente superadas por las herramientas digitales, la automatización y los entornos colaborativos; y, en particular, la IA está acelerando este cambio.

A partir de ahí, el perfil profesional del asistente de dirección se refuerza con competencias que hoy resultan imprescindibles. Destaca el dominio de herramientas colaborativas, incluida la IA, y la automatización de tareas administrativas repetitivas; la comunicación digital y la participación en redes internas, la alfabetización y el análisis básico de datos; la ciberseguridad y protección de datos como rutina profesional; la sostenibilidad y la responsabilidad social; la organización de viajes y la gestión de eventos; la autogestión emocional y el liderazgo colaborativo. Todo ello, sostenido por dos pilares innegociables: la discreción y la confidencialidad, dada la proximidad a asuntos delicados y estratégicos.

En síntesis, las empresas buscan en la asistente ejecutiva un perfil polivalente que aúne eficiencia organizativa, habilidades interpersonales sobresalientes y competencias tecnológicas, aportando valor estratégico más allá de las tareas administrativas tradicionales.

Las empresas valoran en la asistente ejecutiva una combinación de habilidades técnicas, competencias personales y capacidad de adaptación al entorno empresarial. En este marco, la organización y la gestión del tiempo resultan esenciales para coordinar agendas, reuniones y eventos, y asegurar un uso eficiente del tiempo de la dirección y del equipo al que asiste; a la vez, una comunicación efectiva —oral y escrita— permite actuar como enlace fiable entre la alta dirección, los equipos, los clientes y los proveedores, garantizando que la información circule de forma precisa y oportuna.

A ello se suma la discreción como rasgo identitario del oficio: la proximidad a asuntos delicados y estratégicos exige confianza, prudencia y la capacidad de custodiar información sensible con la máxima reserva. También se espera iniciativa para resolver problemas y ejercer liderazgo transversal, anticipándose a las necesidades, proponiendo soluciones y movilizando a otros sin autoridad formal, así como flexibilidad para ajustarse con rapidez a cambios y nuevas prioridades, gestionando el estrés y la multitarea sin perder calidad.

El desempeño actual, además, requiere dominio de herramientas tecnológicas: manejo avanzado de Microsoft 356 (Excel, Word, PowerPoint, Outlook) y de plataformas colaborativas como Teams, SharePoint u OneNote, junto con la capacidad de aprender nuevos sistemas y automatizar flujos que agilicen la tarea administrativa, incluida la IA generativa, cuyo uso responsable multiplica la productividad cuando se integra en procesos bien diseñados. Esta dimensión técnica se completa con una visión corporativa que permita comprender la estructura, la cultura y los objetivos de la empresa para actuar alineada con ellos y contribuir al desarrollo estratégico, así como con nociones de finanzas y gestión administrativa para apoyar la justificación de gastos, la preparación de informes y los procesos logísticos.

Por último, pero no por ello menos importante, las competencias de inteligencia emocional resultan decisivas para cuidar la relación con la dirección y con los equipos, detectar cambios de ánimo, anticipar necesidades y mediar en la gestión de conflictos; en el mismo plano relacional se sitúa la capacidad de *networking* o red de contactos profesional, que facilita alianzas, ordena y cuida la base de contactos y abre oportunidades reales para la organización.

En definitiva, las empresas buscan en la asistente ejecutiva un perfil polivalente que aúne eficiencia organizativa, habilidades interpersonales sobresalientes y competencias tecnológicas, incluida la IA, aportando valor estratégico más allá de las tareas administrativas tradicionales.

BIBLIOGRAFÍA Y RECURSOS WEB

Archer, J., & Syratt, G. (1999). *Manual of travel agency practice* (3.ª ed.). Travel Weekly.

Arriagada, E. (2018). *Hiperconectados: Cómo comunicarse en el siglo XXI*. Ediciones El Mercurio.

Cabero Soto, C. (2018). *Organización de reuniones y eventos*. Paraninfo.

Cabero Soto, C. (2019). *Organización de viajes nacionales e internacionales*. Paraninfo.

Drucker, P. F. (1999). *El management del siglo XXI*. Edhasa.

Gassalla, J. M. (2011). *Asunto: confianza y compromiso*. Círculo Rojo.

Goleman, D. (1999). *La práctica de la inteligencia emocional*. Kairós.

Greenwood, W. T. (1978). *Teoría de decisiones y sistemas de información*. Trillas.

Hall, E. T. (1966). *The hidden dimension*. Doubleday.

Martín Ovejero, J. L. (2017). *Tú habla, que yo te leo: Las claves de la comunicación no verbal*. Aguilar.

Nolasco Valenzuela, J. S., Gamboa Cruzado, J. A., & Dextre Alarcón, J. S. (2019). *Tecnologías disruptivas: Comprende las herramientas de la sociedad digital*. Alfaomega–Marcombo.

Orozco, J. D. (2016). *Protocolo para la organización de actos oficiales y empresariales*. IC Editorial.

Osborn, A. F. (1960). *Imaginación aplicada: Principios y procedimientos para pensar creando*. Verflex.

Alberta La Grup Lifestyle Business S.L. (s.f.). *Servicios de asistencia personal y de gestión de estilos de vida*. Recuperado de https://www.albertalagrup.com

Bury, E. (2022, 8 de septiembre). *Asistente ejecutivo: sueldo y funciones*. Universidad Europea. https://universidadeuropea.com/blog/asistente-ejecutivo/

CvZen. (2021, 12 de mayo). *Asistente ejecutivo: Descripción del puesto, salario y habilidades*. https://cvzen.es/blog/descripcion-del-puesto-de-asistente-ejecutivo

SecreOnline. (2020, 15 de marzo). *Cómo ha evolucionado el papel de la secretaria*. https://secreonline.es/evolucion-papel-de-la-secretaria/